人から神へ悟りの道

天道シリーズ〈2〉

高山京三
Keizo Takayama

たま出版

序文

これからお話しする内容は、現世利益を求めるための逸話では決してありません。事実です。太古の昔から秘かに伝えられてきた幸福への導き書、悪い因縁を消滅させる導き書です。

もし、これからの人生を平穏無事に、そして健康に過ごすことができればと願っていらっしゃるのでしたら、ぜひ本書をお読みください！　悪因を解消して、そして安心立命を得てお暮らしください。きっと読み終えた時には、新しい自分、目覚めた自分を発見しているはずです。

これまでの人生において、聞くことも知ることもなかった幸せへの真実が、続々と語られています。人類のすべてが太古の昔から歴史を繰り返してきた、その最終目的はただ一つ「幸せ」になることに尽きるのではないでしょうか。

それ程、この世においては幸せになるということは大変なことなのです。お釈迦様が「人間世界は苦の世界だ！」と言われたように、人間世界においての幸せは、ほんのわずか、一時《いっとき》です。そのつかの間の喜びと幸せを求めて葛藤しているのは私達人間である訳ですが、「永遠の幸せ」は決してない訳ではありません。実際にあるからこそ、お釈迦様や数多くの聖人や賢人は競って艱難辛苦の修行を厭《いと》うことなく、永遠の幸せ、極楽を追い求め続けたのです。

永遠の幸せを求めるということは、信仰上では「悟りを開く」といい、因縁を解脱することを意味します。つまり「悟りを開く」ということは、この世の仕組みや自然の姿を読みとって自らが悟ることではなく、「南無」の文字に秘められた天の機密を授かって、神経・精神といわれる本来の神としての心を取り戻し、そして死後、心なる霊《たましい》が速やかに霊のふるさとである極楽浄土に還《かえ》る道を得るということなのです。

そのためには「悟りを開く」という言葉があるように「霊《れい》の正門《しょうもん》（チャクラ）」をお釈迦様が言われる『正法《しょうほう》（天道の三宝《さんぼう》）』の一竅《いっきょう》でもって開くことが必要です。

これを天道では大極の一点⊙『一《いち》』の道を得るといい『得道《とくどう》』と称しています。

極楽とは字の如く『楽を極める処』、つまり苦の無い世界を表しますが、その極めるという字の字義は「どこまでもどこまでも限りがない」という意味で、その極が楽と重なって「極楽という境地」を意味する訳ですから、当然苦しみがなく、どこまでもどこまでも限りなく楽でいることができる所でなければなりません。

『幸せ』は苦労や悩みがないという前提をもって言われていることからみても、極楽の意味と一致し、それにお釈迦様が言われた「人間世界は苦の世界だ」という言葉から極楽を解釈すれば、我々の人間世界にあって「苦のない幸せ」は存在しないということになります。

その誠の「幸せ」を現実的に理解して戴く為に本書を刊行した訳ですが、誠の幸せを自らのものにする為には、これからお話しすることに率直に耳を傾け、宇宙の神秘が語る『悟り』の神髄を読み取っていただければ幸いです。そのためにも、私達の世界は陰陽の法則によって物事が計られているということを認識し、そしてさらには、その陰陽の世界に住まうところの人間であるということを認めることが必要です。

この世の仕組みは、天があれば地があり、朝があれば夜があり、男がいれば女がおり、オシベがあればメシベがあるように、上と下、右と左、内と外、表と裏といったように相《そう》対《たい》の組み合わせでもって構成され成り立っています。

身近な木を例にとって細かくみても、その葉っぱの一枚一枚には、真ん中に一本の縦線が入っており、その葉っぱの左右は同じ形をしています。人間も、動物も、虫も、鳥も、生命あるもの全てが真ん中を挟んで左右は同等につくられています。このような形象が陰陽という仕組みですが、さらに陰陽の世界には法則というものがあります。つまり、それ自体に規則を持っている時間や数字、それに言葉や文字などがあります。

春夏秋冬といった規則正しい季節の巡りや、二十四時間でもって時を過ごす私達の日々の生活、互いの感情を表現する言葉、漢字や文字の構成、計算の仕方など、どれをとっても、規則を違えると意思や感情に乱れが生じてしまいます。

ビルや橋、飛行機や船舶を作ることができるのも計算することが可能だからこそです。宇宙に点在する星々までの距離や緯度経度上のどの位置にあるのかを計算によって知り得るのも、この宇宙の中に存在する何もかもが定まった法則でもって創造されているからにほかなりません。

計算し尽くされた宇宙、計算し尽くされた自然、そして私達の人生、いったい誰が設計して、どのように創造したのでしょうか……。

真理を知る方法として宇宙の神秘をひもとくことで、神は、私達に生命の神秘を語って聞かせてくださっています。つまり、その真理に陽と陰との関係がかかわっているのです。

その陽と陰とは［十］プラスと［一］マイナスの関係で、天国と地獄の関係、天と地の関係、太陽と月の関係、男と女の関係など、この世を構成しているのは皆相反するもの、つまり対峙《たいじ》する関係にある訳ですが、その陽と陰の関係を身近に見ることができます。

それは電気のプラス電流とマイナス電流です。

電流はプラス同士だとショートしてしまって使いものになりません。またマイナス同士でもショートして使いものになりません。有効に利用するにはプラスからマイナス、マイナスからプラスへと流通させれば熱や光や電波など有効利用ができます。

陽と陰、共に二つが一つになったり、一つが二つになったりして、ものを生み出し作り出してきた、この陰陽の循環運行の過程を理解することができれば、宇宙の神秘も、生命の謎も鮮明に理解することができます。それは私達の宇宙をはじめ、自然界、霊界のすべてが陽と陰の循環によって組織的に構成されているからです。しかし本書はそのような難しい理屈を説いて『幸せ』を求めてくださいとは申しません。

ただ私達が日ごろ気遣うことなく使用している文字に陰と陽の関係が付されているので、そのところを解き明かして、宇宙の真理や生命の神秘にあなた自身を目覚めさせたいと願うだけです。

神への導きは決して見ることができないというものではありません。

神の教えは自然界を観《み》ることで感じることができますが、私達は魚が水の中を泳ぐようにごく当たり前に過ごしているので、かえって自然から摂理を読み取ることを難しくしています。

神は、算術つまり計算、漢字、ひらがなの五十音、音楽などからも天の摂理が理解できるように仕組んで、この世を創造しています。

ただ人々は神の存在がハッキリと理解されていないので「神は道であり、真理である」ことが理解できないでいるだけなのです。

陰と陽、陽と陰の働きは「道であり、真理であり、神である」ことをひもとけば、これまで信じてきた「教え」自体に疑問が生じてきます。

因《ちなみ》に陽と陰について、明解漢和辞典（三省堂）には、次のように記述されています。

以上のように「陽」の上に置かれた「陰」は表面から見えない消極的な性質を有し、暗い陰気、冷たい、辛い、悲しい、苦しい、といった不幸な状況を表しています。

さらには「陰」とは、めいど。地獄。陰府を意味するとあります。

8

【陰】 陰は俗字 ①イン・オン ㊀易学上の二元気の一、↓陽の対、- -で表わし、地・月・夜・女・柔・静・やみ・内・無形など消極的なもの ㊁北、山の北 ㊂南、川の南 ㊃カゲ ㋑物のかげで、光線があたらない部分。陰影「ー地」㋺見えない部分 ㋩うしろ。裏。背後 ㋥恩恵 ㊄月 ㊅夜 ㊆ヒソかに。そっと。内密に ㊇クモる ㊈クモり ㊉男女の生殖器「ー茎」(十一)男女の交情 (十二)めいど。地獄。陰府 (十三)浅黒い色 ⑪アン (十四)諒闇《リョウアン》の闇

9

【陽】 陽は俗字 ㊫ヨ(ヤ)ウ ㊀南、山の南 ㊁北、川の北 ㊂易学上の二元気の一、天地間の万物は、これと反対の↓陰との交わりによって、生成変化消長する。ー で表わし、天・日・昼・男・剛・動・明・外・有形など積極的なもの ㊃太陽 ㊄ひなた。日が照らしたところ ㊅ひるま。昼 ㊆アラワ(ハ)に。うわべでは ㊇表面的。見せかけ。うそ偽り ㊈明らか ㊉男子の生殖器。陽物

一方「陽」は表にあらわれて、天、日、太陽、明るい、陽気、温かい幸せ、喜び、楽しい、といった幸せな状況を表しています。

天道では苦楽（陰陽）の境遇を正法《しょうほう》なる『得道《とくどう》（因縁解脱）』によって「陰陽」を転倒させて『楽苦（陽陰）』の順に戻すことができます。

つまりこれまでの生活を一変させて楽を優先させるという訳ですが、この法『得道』は菩提《さとり》を得て極楽浄土できる最高の法でもあります。

『得道』は地獄の「陰」を去り、極楽の『陽』に赴くことを意味するところから、因縁解脱したその身は陽体と化して神格化し、この世にあっては生きたままにして『即身成仏《そくしんじょうぶつ》』

となり、寿命尽きれば次のような状態となります。

極楽浄土に戻るには、悟りの門を開かなくてはなりません。その門を霊《れい》の正門《しょうもん》【霊《たましい》が極楽浄土する門】と称し、霊が極楽浄土できる唯一の門のことをいいます。正法である『得道』を授かってその霊の門を開くことができればあらゆる災禍から身は守られ、さらに死して死後の硬直が無く、勿論《もちろん》その身は柔らかく、夏でも腐ることはありません。これを宗教界では『因縁解脱』といっています。

つまり温かいものは腐りませんが、冷たいものは腐食すると理解してください。人間の肉体も『因縁解脱』すれば、当然「陽体」ですから腐食することはありません。

このような不可思議な意味合いが陰～陽、陽～陰といった気の働きにあったことから、古の聖人賢人は難行苦行をしてまでも悟りを求め、神仏の世界、極楽浄土に「幸せ」を求めたのです。これが天の理であり、真理であり、道理なのです。

ところが世間一般の信仰では、以上のような陽体化が一般信者の誰一人にも見られません。

それは涅槃《ねはん》を証する、つまり悟りを開く『法』を持っていないからです。極楽の『幸せ』が約束できない、そのような理由からこの世での幸せでもって教えを広める以外に「途」がないのです。

永遠の幸せは極楽だけにあるものですから、信仰する限りは『即身成仏』して安心立命を得て、そして天に恥じない正しい道を守って日々生活することが最も大切です。この世は空の世界と謂《い》われますが、実際には姿・形がある訳ですから「人は空手で生まれきて、空手で死んでいく」というその謂《い》われは、つまり得た金銀財宝や一時の平安は寿命が尽きれば、死と共に自らの手から離れてしまうという諭《さと》しでもある訳です。

本書は、天地創造神である

老中《ラウム》の加護を受けることができることを明らかに語っています。

誠の『幸せ』を得ることができることを明らかに語っています。

平穏無事に人生を送ることができることを明らかに語っています。

そして、極楽天国に救われることが適うことを明らかに語っています。

以上の事柄を記憶にとどめて本書を読まれると、因縁解脱、悟りを開く、極楽浄土する、そして誠の「幸せ」とは如何なるものかが、ハッキリと分かります。本書は理屈の通ったお話ですから、きっとこれまでの人生で聞いたこともない、教えてもらったこともない様々な物事が明確に鮮明に脳裏に焼きつくことでしょう。

なお、『得道』の後の効果と致しましては、次のように述べています。

『得道』なる法は、お釈迦様、観音様方聖人また賢人方が艱難辛苦の修行の末に神仏の位を得られた、誠の『悟りの法』ですから、一生においてただ一度授かるだけでよく、また宗教ではありませんから、授かった後はこれまで通りの生活に戻ってお暮らしくださって結構です。

何ら強制も束縛もなく、日々の生活の中に老中《ラウム》様の加護がなされて、悪い因縁が解消され、次のようなお陰をいただくことができます。

◎　日々の生活に安心立命が得られます。

◎　運の好転、開運。

◎　あらゆる病気の回復、平癒。

◎　あらゆる災難からその身を守り、一生涯厄除けとなります。

◎　精神的な不安、起伏、ウツなど精神の安定が得られます。
◎　ボケ、アルツハイマーなどの防止。老いても安心です。
☆　『法』は宗教宗派に関係なく、誰でも授かることができます。
☆　『法』は一生に一度授かるだけ・・・・ただ一回だけです。
☆　『法』を授かる費用（功徳費《くどくひ》）はいくらでも結構です。金銭の多少は問いません。
以後、会費や寄付といった金銭の負担は決して要求致しません。

神は全宇宙がわが家ですから、住む所、寝る所、憩う所、食べ物、飲み物、金銭など勿論必要ありませんから、何一つ私達に要求するものはありません。平穏無事を願い、一日でも早く、霊の故郷、極楽天国への『道』を求めて、帰り来る日を待ち望むばかりです。
以上の内容を含めて『道』の話に入っていきます。

高山京三　叩首

目次

本文イラスト／佐藤光子

極楽浄土に昇るには、霊が、貴方の身体にある霊《れい》の正門《しょうもん》【極楽浄土への門】を通り抜けなければなりません。

その霊の正門【極楽浄土への門】を開く、悟りの妙法とは涅槃妙心《ねはんみょうしん》・実相非相《じっそうひそう》・微妙法門《びみょうほうもん》のことで、天の機密であるが故に『教外別伝《きょうげべつでん》』です。

その教外別伝を、お釈迦様は正法眼蔵《しょうほうげんぞう》と称し、三宝を伝えました。その三宝《さんぼう》は、今では「天道《てんどう》の三宝《さんぽう》」として一般火宅に伝えることが許されています。その正法が『得道』と称される法で、次なる三つの妙法《みょうほう》があります。

◎以心伝心《いしんでんしん》

◎直指人心《じきしじんしん》

◎無字真経《むじしんきょう》（不立文字《ふりゅうもんじ》）

辛 ← 幸福

辛くとも『一』を得れば幸福となるのです

先得後修《せんとくこうしゅう》・真理編《しんりへん》

【天道は道教、儒教、仏教の中に根づいて、ひそかに伝えられてきた悟りの『道』です。昔は悟りの道を得るには難行苦行がなされて後、悟りを開く『正法《しょうほう》（得道《とくどう》）』が授かれたのですが、今、時運《じうん》が廻り先に『正法』が授かれて（先得《せんとく》）、後に道を学ぶ（後修《こうしゅう》）ことが許されています。したがいこの編ではそのための後修、真理を学びます】

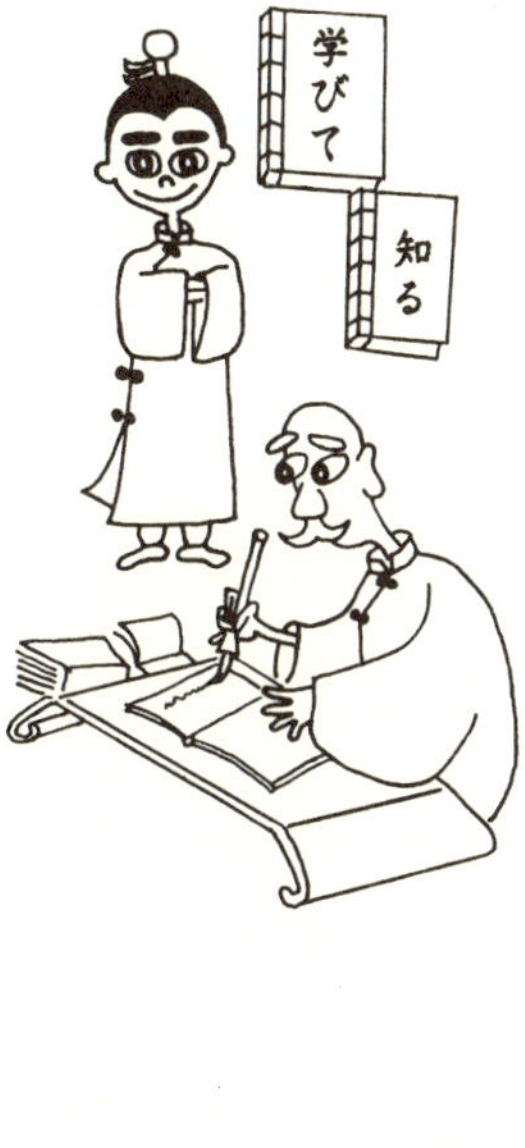

人はなぜ、幸せを求めるのか

私達は母親の陰部から誕生し、そして明るい太陽の下、陽の気を受けて暮らしています。そのように、私達のこの世での始まりは「陰」、つまり序文に述べているところの陰の字の字義が人生を主導しているといっても過言ではありません。

また陰地と称せられる大地から生じるもののすべては、陰なる地に支配される宿命を背負っているということになります。この世は何事も陰が勝り、そして仕切っているところから、「陰陽の世界」といわれるように陰（苦）が先で、陽（楽）が後に続いています。

だから苦労し続けて、楽を追い求めるのです。

もしも私達のこの人生が一度きりであるなら、あなたも私も他の人達も、毎日楽しく暮らすことを考えて、そして思い思いに暮らすことでしょう。

それもこの一生に思いを残さぬように、また未練も残さぬようにして、この一度きりの人生を思い切り自由奔放に生きていくのではないでしょうか。

きっとそこには人の為にという善意の気持ちは微塵も存在しないと思います。善を施していてはおもしろおかしく暮らしてはいけないので、人を泣かしても、人を傷つけても、困らせても、幸せを奪っても、自分の欲望を満たす為に暮らすことでしょう。

なのになぜ、人々はそうしないのでしょうか。

人は皆そうすれば、どのような結果を招くかということを潜在意識の中に持っているから悪を憎み、悪の限りを尽くそうとはしないのです。

良心があるから……？　いいえ決してそうではないのです。

悪を憎み、悪の限りを尽くそうとしないのは悪の報いが如何に恐ろしいかということを自らの霊が知っているからです。

喜びは欲望が満たせればよいというものではありません。

欲望は満たされても、満たされても次から次へと生じてきて止むことがないのです。誠の『幸せ』は、それぞれが持っている霊のふるさとである極楽天国に存在していることを、暗に知っているから無茶はしないのです。

だから人は苦労を重ねても、生まれ変わっても『幸せ』を追い求め続けるのです。

私達は生まれては死に、死してはまた生まれ、それを千年も万年も、時間を費やしながら、懲りることなく繰り返し続けて『幸せ』を追い求めています。

その繰り返しを輪廻転生といいますが、私達の霊は輪廻転生において様々な国、様々な人種に生まれ変わり、またある時は様々な生き物に生まれ変わらされて多種多様な経験を積まされてきています。

それも自らの霊が如何なる『命《めい》』を帯びているのかを悟るまで、次から次へ「原因」を作れば「結果」という天の法律にしたがって生まれ変わっていくのです。

これまで何百回、何千回、何万回と輪廻転生を繰り返し繰り返し生まれ変わってきています。そしてこれからもさらに繰り返すことになる訳ですが、唯一お奨《すす》めしています、悟りを開く妙法。「得道」だけが、その輪廻転生から逃れて因果のない極楽へと導くことができるのです。

私達の霊が、いずこから来て、いずこに戻るべきかを悟るまで霊の輪廻は続いていきます。しかも、一日、一カ月、一年と、常に時間という天の法則の中に閉じ込められて私達は生かされ続けるのです。

自分の意思でもって、自分の力でもって、自分の思うがままに生きていると思ったら、それは大きな誤りです。

一分一秒、そのひと呼吸ですら自分の思い通りにはなってはいないのです。

我々の宇宙全体が一身一体となって呼吸しているからです。

この宇宙全体を仏教では「法輪」と呼び、私達はいつの世もこの法輪の中にいて、人間でいる時も、死後霊のみになっても天の法則にしたがって生き続けているのです。

法輪の中にいる限り輪廻転生は止むことはありません。

法輪の中にいる限り、お釈迦様は「苦の世界だ」と言われます。

私達の霊はそれを知っているからこそ、極楽という幸せの場を求め続けて輪廻転生という逆旅を続けています。

その証しを南無という文字の字義と意味にみることができます。

お寺に行けば、佛の名前の上に南無という冠《かんむり》が乗っかって尊称されていることに気付くはずです。つまり南無釈迦・南無観音・南無菩薩といったように神仏の世界では、悟りを開いたことを意味する『南無』とは切っても切れない仲なのです。

そのように佛の尊称を見習って人もまた、死して冥途に帰る者に対して『南無』と墓標に刻み供養するのですが、なぜ『南無』なのでしょうか。それは次の如く南の文字を分解していけば、幸の文字が南には含まれていることが分かります。

南 ⇩ 幸と冂 に分ける

そして上部の一を幸の文字から抜き去ると、幸の文字は今度は辛という文字となります。

幸 ⇨ 一
↓
↓
辛

つまり南という文字には「幸」と「辛」とが合一して文字構成がなされていたのです。南無の無、無の意味するところは、「幸」の文字から上部の『一』を抜き去ると「辛」となりますが、南の下の部分は悟りを開けば、字の上の『十』の部分を残して下の部分は必要ではないという意味から「冂」の部分はいらないので「無」の文字を入れているのです。

これは人間から神へ、つまり陰から陽へ変化することですから、当然陽という文字にもその現象を見ることができます。

陽の字の上に日の文字がありますが、これは神の世界を意味していて、太陽神あるいは大日如来を象徴しています。

その日の下に『一』、さらにその下に「勿《なかれ》」つまり無とか、莫《な》しという意味で、物という意味でもありますから、私達の人間世界を現しています。

陽という文字は、神仏の世界と人間世界を『一』でもって遮《さえぎ》っている文字です。

その『二』に悟りの『二』頂いて『十』とした文字が『南無』の南である訳ですから悟りの『二』を得た神仏の象徴は『南無』という冠《かんむり》が冠《かん》せられて当然であります。

因に真実、真言、真如の真、徳、喜び、嬉しい、壽命、嘉、孝など字の上に『十』が乗っかっています。そのように見ればその意義が理解できるかと思います。

したがって辛い人生は苦の人生を意味しますから、誰も好んで求めるものではありません。できれば縁は結びたくはないもの、無にしてしまいたいものです。

だから仏教では「来世生まれ変わったら幸せになるように一生懸命功徳を積みましょう」と教えています。誰も彼も辛い人生は送りたくはないと思っています。苦労などはなるべく早く切って捨てたいと願うのですが、しかし、この世は陰陽でもって仕組まれている限り、私達の人生は苦が優先されるようになっているのです。

幸せを追い求めるように仕組まれているこの世を『陰陽の世界』と呼ぶ誠の意味がそこ

にあります。

それが真実、陰部からの誕生でもある訳です。

辛の文字の上に『一』を得さえすれば、「幸」の文字に見られるように、永遠の幸せが約束されます。つまり『一』が秘めている極楽浄土への道を得さえすれば、後は「辛」が意味するところの苦労など、いらないという意味となります。

幸せの道を得ない限り、私達の霊は極楽浄土への道を探りあてるまで、常《とこ》しえに輪廻転生し続けます。

私達霊人のふるさとが極楽浄土であることを悟るまで、帰り着くまで輪廻の旅は余儀なく続くのです。だから私達の人生は「人生途上」と言われ、⻌《シンニュウ》という船に「余り」を乗せて人生の途《みち》を歩むのです。

あくまで私達の人生は余りであって、「無」以外の何ものでもないという意味から、人間は空手で生まれきて、空手で冥土に帰って逝くのです。

人はいくら名誉地位にあこがれても、いくら財産を富ましても『因縁解脱』せぬ限り、空手で生まれきて、空手で死んで冥土という地獄界に旅立ち、そして輪廻転生を余儀なく続けていくのです。

輪廻転生しながら徳を積み善を施し、功が満ちて極楽浄土への道に縁を得ることができれば、もう輪廻転生して辛酸をなめることはありません。

そのような願いが託されてあることから人は、亡き仏の戒名に『南無』を冠し、手を合わせて祈るという訳です。

楽をきわめる所、極楽浄土に行き、常しえの幸せを満喫するか、再び輪廻転生し続けて辛酸をなめ、そして様々な苦しみに接して葛藤する人生を味わうかは、あなた次第なのです。

人はなぜ、苦労するのか

人類まとめて皆幸せにすることは困難ですが、逆に人類皆不幸にすることはできるかというと、それはできると言えます。それは、人類のすべてがすべて、欲望を生み出すところの肉体を持っているからです。

つまり財物に執着するところの欲望をどんどん高めさえすれば、人は競って贅沢な暮しに憧れ、そしてその欲望は、われを忘れてとどまることなく行き着く所、地獄へ必ず行くことになります。

人が互いに権勢を求めて闘ったり争ったりするのも、地位名誉に憧《あこが》れるのも、財に執着するのも、色欲も、飽食も、なにもかもが欲といったように、この世において執着するものすべてが欲望という思いに囚われるからです。それも一人ひとり求めるものが異なるので、統一することは全く不可能です。それは今の政治を垣間見れば一目瞭然です。

誰がトップに立とうが必ず反対派が出て反対意見を唱えはじめ、そうこうしているうちに足を引っ張られて、いずれ首座の座を明け渡さずにはいられなくなってしまうのです。

大の派閥も小の派閥も時機が来れば分裂し、統合し、また分裂して一本化されることはまずあり得ません。

これもあれも欲望がうず巻いて名利に対する損得勘定が横行しているからです。宗教でもしかりで分派《ぶんぱ》から分派へと枝分かれして互いにけなし合っています。

孔子様の言葉に、

「身を修めれば家が治まり、家が治まれば国が治まる。国が治まれば天下太平なり」

とあります。

つまり国が治まっていないということは家が治まっていないということになり、家が治まっていないということは自分自身が治まっていないということになります。

原因の根本は自分自身にあることになり、その身が修まっていないから平和が来ないということになります。

身を修めることをおろそかにして政論をぶったり、正統性を唱えたり、おもしろおかしく暮らしたいくせに悪を憎み悪の限りを尽くそうとはしない、ヘンな世の中です。

だからといって幸せを極める所、極楽天国への道があるよ！　と教えてあげても信じようとはしません。

かといって不平不満をつのらせています。

善悪の見境がつかなくなっている世界！

安心立命が得られるのに、苦労の人生を選んでしまっている人々！

かつての純真無垢な心はどこに行ってしまったのでしょうか。

昔の人は心がきれいだと言われ、今の人は心が汚れていると言われます。

それもこれも心を置き去りにして文明文化が高度成長しているお陰かもしれません。

どれをとってもどこから見ても欲望がうず巻き、競い合っているように思えます
欲をつのらせればつのらせるだけ苦労が増すのに、それでもこりずに財を求め、名誉、地位に汲々としています。

なぜ人は求めることを控え、譲り合い助け合って「足りるを知る生活」をしないのでしょうか。一旦付いた欲望は行き着く所なく求め続けられて限りがありません。

今の人間社会においては誰が悪いと言える状態では、もうないのです。

苦労の中にいて幸せを求め、そしてそのつかの間の幸福を維持する為に苦労を重ねている状態が、今日の文明文化における高度成長の実態なのです。

その根本とされる原因を探るとしたら、やはり母親の陰部（地獄）から私達は生まれてきたという事実ではないでしょうか。

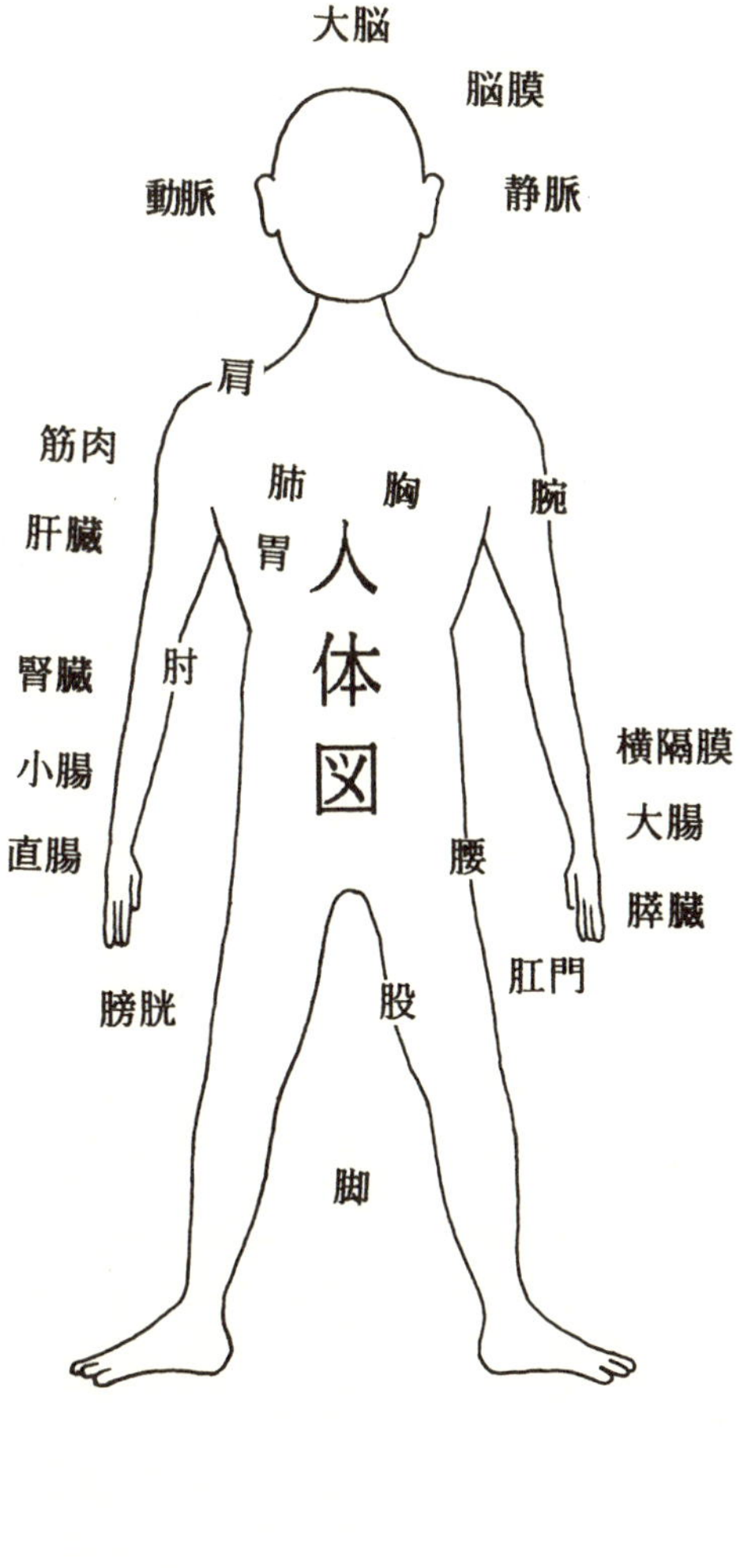

母親の陰部から誕生して、太陽の下に暮らす私達の人生には、様々な問題が起きますが、その原因の源は間違いなく「陰」というものの働きにあります。

それを証明しているものが、先の人体図に見られる身体の各部分の名称です。

それらの名称には必ずと言っていいほど月の字が付随して字を構成しています。

それも脈から身体の表面の皮膚や肌までもが切っても切れない間柄となっています。因に月は陰月といわれて陰を意味し、男は陽で女は陰である処から女性には月に一度の割合で月経という月の経《みち》があり、月の運行と見事に融合しています。

そのようなことから見ても、誕生と同時に陰！　つまり月の支配が始まっていたことが知れます。それも人体の中心を構成する骨までがその支配下にあるのですから驚かされます。

人でいる限り「陰」に支配されながら肉体が求めるものを求め、そして満たしていかなくてはならないように人間は創造されていることが、これでハッキリと理解できます。

私達のこの肉体がそもそも欲望の源となっている訳です。

おなかが空く、おいしい物を食べたい、いい服が着たい、きれいになりたい、車が欲しい、家が欲しい、お金が欲しい、裕福な生活がしたいなどといった、これらの欲望の数々は緻密《ちみつ》にして精巧《せいこう》に身に負わされているといわざるを得ません。

人間の欲望は身体自体から生じて、それは止めようもなく欲しいものを要求し続けて止むことがありません。それに加えて欲求を満たそうとするその行為自体が葛藤《かっとう》である訳ですから、当然その結果は苦痛、苦悩の途にはまり込んでいくことになります。

それを知りながら人間は結局、欲望を満たすための生き方しか選べないのです。

そして欲望を満たしながら苦しみから逃れるための道、幸せの道を必死に探し求めて迷い続けていくのです。

陰の途、陽の道

陰の途《みち》は「人生途上」といったり「途中」という言葉の遣《つか》い方を私達はしています。辶《シンニュウ》にはタタズムという意味と乗せて進むという意味があり、その上に乗っかっている余《よ》はアマルという字で、まだまだ先が残っているぞ！　という意味でしょうか、余分すなわち必要がないという意味もあります。

そのようなことからみれば「人生途上」は余りを乗せて人生を歩んでいる、という意味にも解釈され、また一方では、まだまだやるべきことがたくさん残っている人生とも解釈されます。その「余り」とは無駄、そして「まだまだ」と解釈すれば、私達の人生は未練ということではないでしょうか。実際人間は、本当は、何を求めて生きているのでしょう。

それを般若心経《はんにゃしんきょう》に照らしてみれば「照見五蘊皆空《しょうけんごうんかいくう》」「色即是空《しきそくぜくう》　空即是色《くうそくぜしき》」とは、五蘊《ごうん》すなわち、木・火・土・金・水の陰陽五行によって創られている色や形の世界、つまり、この世は人間を含めてあらゆる物は皆虚空といわれます。すなわち虚空とは実がない、形がない、空、無を意味し、その誠の意味は、今、人生途上なればチョットたたずんで、人間とは人生とは何なんだろうかと、真剣に考えてみてはどうだろうかということかもしれません。

陽の道は天の道に象徴され、お天道《てんとう》様と古《いにしえ》から太陽神として親《した》しまれています。そのような意味合いを持つ道を、私達はなにげなく道、途と同じような意味合いで使っていますが、『道』の言葉使いをみると天の道、人の道、正しい道、といったふうに精神的なものや、人道的な行いに使われていることが多いようです。その道は⻌と首の組み合わせで文字が構成されています。⻌は先の途の⻌と同じ意味ですが、道の場合は首が乗っかっています。

信仰上では、その首にその字義の重大さが隠されています。

つまり武士道、花道（華道）、茶道といわれるように、これらの道は天の理に通じた思想をもって人間形成をはかりながらその道の技術の習得を修める訳ですが、その極意としての字は「道」と定められて使われています。

つまり人間形成とは正しい道理の道筋を学ぶことで、それは正しい礼儀あるいは礼節を意味します。そしてそれを謹みやかに行うことが人の道であり、天の道だという教えです。

人の道を修めることが天の道につながるという孔子様の思想（儒教）では、

『天の命、これを性（たましい）という。性（たましい）に従う、これを道という。道を修める、これを教《きょう》という』と、

その教えが天道として重要視されています。つまり教えや作法を修めてこそ道につながるということで、宗教では悟りへの道をいい、また剣道、柔道、華道、茶道などでは究めるを本分としています。

その究極の**道**、悟りを開く道が実は首に秘められているのです。

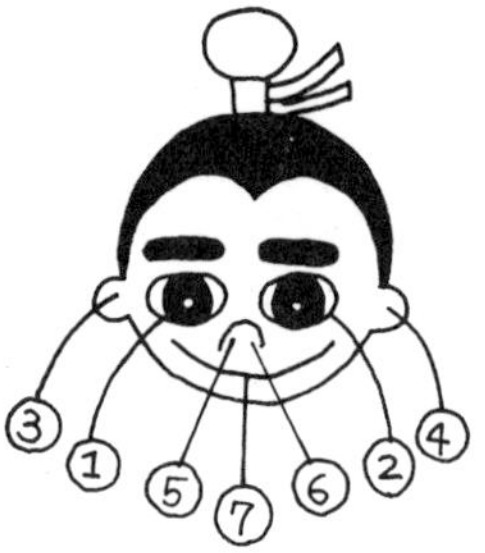

首から上には八つの穴がある。
即ち、眼2・鼻2・耳2・口1
であるが8には一つ足りない？

その秘められた謎とは……達磨大師曰く「七転び八起き」にあると謂われます。実は「八起き」の八が唯一、極楽浄土への入り口、「霊の正門」と称されるところの、『一』なる玄関を意味しているのです。「七転び」とは、人が死ぬと人の霊魂は上の図に示されている部分の穴より出て、肉体を離れ、死後の世界へ旅立っていきます。

「八起き」の八は、八つ目の穴から霊が出《しゅっ》

竅《きょう》すれば間違いなく極楽するので「起きる」と、そう達磨大師は言われたのです。

その八つ目の穴を、般若《はんにゃ》悟りの門、霊の正門、浄土門《じょうどもん》、人間究極の道と呼び、かつての聖人賢人はその道を得る為には艱難辛苦などものともせず、身に賜ったその地位、身分、名誉や権力、財産までも捨てて出家受戒《しゅっけじゅかい》し、深い山奥の洞窟や渓谷に入って荒行をしてまでも追い求めたものが人生途上の途ではなく、お天道様の道だったのです。

天道での『得道』はお天道様の道を得る、悟りを開く『正法』です。

私達の霊《たましい》を極楽天に持ち帰る！　乾坤袋《けんこんぶくろ》

幸せな人生
辛《つら》くとも
『一《いち》』を得れば
幸福《こうふく》となるのです。
幸
福
辛
つらい
乾坤《けんこん》を転じて
極楽天に帰る
乾坤袋《けんこんぶくろ》

『悟りの道』天道は、神々の世から人王の伏義氏《ふくぎし》に伝えられ、以後皇帝、帝王を経て老《ろう》子《し》の道教《どうきょう》へ、さらに孔子の儒教へと、そして釈迦《しゃか》の仏教へと伝わりました。

今日では火宅《かたく》の人々に普伝《ふでん》されておりますが、しかし天道の普伝は中々容易ではありません。それを難しくさせているのが「悟り」という道です。

悟り（因縁解脱）は『正法の得道』によってのみ授かることができます。その『正法』は太古の昔から単伝《たんでん》といって、一人の聖人から一人の聖人へ秘密儀《ひみつぎ》に伝えられてきていますが、その時代において「正法」を授かることは聖人でさえもなかなか困難なことで、艱難辛苦の難行苦行を幾十年重ねても得られ難いものでした。

そのような言い伝えが今日にまで語り継がれて、いっそう悟りを開くことは難しいことだと、そう一般では教えられて信じられています。

確かに悟りの法『正法』は天の秘密儀でしたから、仏教に於てはお釈迦様が生誕して引き継ぎ、そしてお釈迦様の第一弟子、迦葉尊者《かしょうそんじゃ》がインドでの初代祖《しょだいそ》として『正法』を受け継ぎました。

その二十八代祖に当たります達磨大師は、『正法』は、実は一人の聖人から一人の聖人へと伝えていく、つまり「単伝」であることを知らせる為に坐禅をもって行とする禅宗を始められたのです。

悟りを得る為の妙法すなわち『正法』が単伝であったことは、坐と禅の文字の構成を見れば、当時の「単伝」の事情が解明できます。

まず禅の文字を分解すれば礻と単とに分けられ礻は示す。

また、単は一、一人と理解することができます。

そして坐ですが、この文字の中に何を単伝としているのかという秘密事が隠されています。坐はまず从と土とに分けられ、从は人々と解釈すれば残る真ん中の土に、人間道究極の「悟り」の神髄が隠されています。

つまりその土の文字を分解すれば十と一に分けることができます。

すなわちプラスとマイナスです。

プラス・マイナスの合体文字が土だとすれば、寺という文字はマイナスの下、チョットすなわち寸が付いたのが寺ということになります。

したがってお寺は、葬儀や先祖の供養といった土の下の死後の世界、仏事をつかさどる役目を担っていることが文字から推察することができます。

それでは神社の社は、なぜ神事をつかさどる役目を担っているのでしょう。

社の文字を分解してみれば礻と土となり、お寺と違って土の下には何もありません。以上から推察すれば、マイナスの上にある十に重要な意味が隠されていることが明白となります。つまりプラスを示すことは神を示すということから神社とされ、神社は私達の祝い事や結婚式などを生業としている所であることが、字の構成から分かります。

もって坐禅の坐は人々の中の十を意味し、天を表すところから禅の文字、単（一）を示す（ネ）と、組みすることによって「悟りの道・一」を意味するものと推察されます。『陽陰と陰陽』つまり「天と地、地と天」の相対をよく知れば知るほど、土の文字はなぜ、プラス（陽）が上にありマイナス（陰）が下にある字なのか、ということに興味が湧いてきます。

信仰上天地と私達霊《たましい》との兼ね合いは非常に奥深いものがあり、それは意味深長です。天《てん》地陰陽《ちいんよう》の相対的な仕組みをよく理解して、物事に対処していくことが何よりも大切です。

私達の靈《たましい》（霊）はこの世、陰陽の世界に天より下り住んでいるという、そのような意味から、頭に雨という文字をいただいています。

頭の「雨」はこの世は水の世界、つまり陰の世界を顕《あらわ》し、その下にある「口《くち》」三つの並びは、陰陽の世界には気天界、象天界、地獄界の三界が存在することを顕しています。

そして一番下に「巫《みこ》」の文字が付されてあります。

「巫」とは、旺文社の漢和中辞典によれば、『地上に立てた十字型の木。または、これに手を指し出して神を呼び下すさま。神おろしをする「みこ」の意を表す』とあります。

靈（霊）なる心を持つ私達は神の子であり、神の使いでもあります。

しかるに私達は陰陽の世界に居て、全く疑問を感じることなく平然として生活しています。それは数多く繰り返し続けてきた輪廻の中に置き忘れてきているからです。陽陰である天地自然の流れが正常であるなら、陰陽の世界に住む私達人間は正常ではなく不正常でいることになります。

今『正法』の伝えは単伝から普伝《ふでん》の時運となり、陰陽の逆の流れに陥った私達の霊性《れいせい》を正常な陽陰の霊性に戻すことが許される時機を迎えています。普伝とは縁のある人々、希望する人々に『正法』を普《あまね》く伝えて極楽浄土に帰っていただくという意味です。

弥勒菩薩《みろくぼさつ》（布袋様《ほていさま》）

弥勒菩薩《みろくぼさつ》様（布袋《ほてい》様）の持っている乾坤《けんこん》袋《ぶくろ》は『正法』によって、坤乾《こんけん》の霊性を元の乾坤《けんこん》の霊性に戻した人達を袋に入れて共に極楽浄土に帰るという意味が込められています。

それは今、経典に述べられているところの、五十六億七千万年の後、弥勒菩薩《みろくぼさつ》が兜《と》率天《そってん》より裟婆《しゃば》世界に下り、地上を天国にするとの伝えにより、弥勒菩薩の白陽《はくよう》の時代〔極楽〕が巡ってきたからにほかなりません。

私達の『善《ぜん》』なる霊のいるところ

古代より「悟りを開く」と謂われてきましたが、その悟りは中庸《ちゅうよう》の心をもって開くもので、心を無の境地にとどめることを意味します。

つまり中庸とは、欲望を生むところの陰の心を抑えれば、逆に善い行いを好む方向に向かわせる陽の心が現われます。その陽の心を育てることによって慈悲なる心が育ちます。慈悲心が育てば、ものごとの善し悪しきが判ぜられて人々の苦しみ、痛み、辛さが察せられて自然と人々に対する慈愛心（菩提心）が芽生えてきます。

その『善』なる陽の心を常に守り通すことを中庸といいます。

しかし本来誰もが持っている『善』なる心は陰の心に阻《はば》まれて中々思うように欲望を抑え静めることができません。それは身体全体にひそむ五体の陰月《いんげつ》（ニクズキヘンが付いた肉体の各部分の名称）に対して、身体において唯一陽といえるものはただ一つ、天の心を有する霊だけであるからです。

私達の生命体が陰陽の世界で生きることができるように、私達の霊は天の命を受けているので『純陽《じゅんよう》』といわれ、身体全体にあってただ一つ善を維持している唯一のものです。霊は本来汚れのない純真無垢な光明を放つ玉なのですが、しかし今の私達はその霊を曇らせ、善を見分けることができぬ程までになってしまっています。

私達の霊が持つ光明《こうみょう》は十方四方を遍《あまね》く照らすといわれる程の霊光《れいこう》を本来は持っていましたが、その霊光を曇らせ、にぶらせたのは誰でもありません。私達自身なのです。

その霊光が輝けば、ヨハネの黙示録にいわれるところの、

『額《ひたい》に神の印《しるし》のあるものは、末劫《まっきょう》（天地の大災難）が臨んでも救われる』

との予言通り、いかなる難も逃れることができるのです。

『天の命、これを性と謂う』

その神の印とは、人間が本来保持している大極《たいきょく》の一点・『霊の正門・玄関』を指します。それは天の命、天性、光明、霊光などといわれ、目と玄、つまり非常に眩《まぶ》しいものです。その霊光を求めて聖人賢人は艱難辛苦の難行苦行をしたのです。しかし難行苦行が功を奏して霊光の門である

『霊の正門・玄関』を聖人賢人が行によって自ら開けた訳ではありません。『正法』を授ける明師《めいし》（点伝師《てんでんし》）を追い求めて、そして『法』を授かったのです。つまり人間本来が持つすべての悪因を切る点伝師《てんでんし》を求めて、そして因縁解脱の法『正法』を授かった訳です。天道では因縁解脱の法『正法』を授かって初めて聖人、真人《しんじん》（賢人）と尊称されます。その一点《いってん》の心は、元神《げんしん》、玄牝《げんひ》と天道では呼ばれ、心頭《しんとう》という言葉遣いがあるように頭部の中央に位置して止《とど》まっています。

『霊の正門・玄関』を開き、これまで忘れていた神の霊光を輝かせば、真っ暗やみでも車のヘッドライトを明明と遠くまで照らせば、運転にさしつかえるような穴ぼこや崖や壁、痛んだ道や工事中の区間を難なく避けて無事安全に目的地に到着することができるように、私達の人生途上における様々な障害や禍を払い除けて、喜びの多い人生へと転換させることが適うようになります。

それは宿命にひそむ悪い因縁に対抗

することができる唯一つの『陽』が、一点《いってん》の霊《たましい》であるからです。

『得道』を授かって心身に陽の気を輝かせば自然と運は好転し、身に帯びた苦痛や苦悩は和らぎはじめるのですが、なにせ私達はこの世に誕生してこのかた、肉体は陰に属していますから、当然の如く陰に支配されながら生活をしています。

最もそれをよく証明しているものが、肉体の各部分の名称が月ヘンまたは月の字が付随しているところです。

したがい、その肉体は常に陰月に左右されているところから昔の人は、「潮が満ちる時、人は生まれ、潮が引けば人は死ぬ」と、月の影響をもってそういわれます。

また歌謡に「この光陰（月光）に誘われて（死ねば）月の都に入りたまふ」と謡われています。これ等は取りも直さず、人は月の支配を受けて誕生し、そして死に逝くという証しであります。

人が因縁を脱し『善』を修める為には、心身五体も！　生活も！　世の中の暮らしも！　すべてがすべて、陰にしたがってしまっているという現実を理解しなければ『善』を修めることは不可能なのです。つまりこれが『得道』を授かった後の後修《のちこうしゅう》、課題なのです。

陰陽の世界にいる私達を、易学で言えば、

䷊（陰陽）で、「地《ち》天泰《てんたい》」と称し、この世での安泰を意味します。

一方、天から見た陽陰の場合は

䷋（陽陰）で、「天地否」と称し、人間は天の陽に対し拒否している象となります。

つまり人間自体はあくまで陰陽の世界の住民であって、陰陽界のはるか上の陽の世界では、生命は維持できないことを易は表しています。それは肉体を持つ限り大地を離れては暮らしてはいけないという意味にもとれます。

地上から離れて昇れば昇るだけ人間は呼吸困難となり、無事に暮らすことができません。

以上のように陽陰の解釈と陰陽の解釈には雲泥の差があり、陰陽の世界に固執し続ければ死後再びと地獄をめぐり、輪廻転生を余儀なく続けることとなります。

一方速やかに理を悟り『正法』に臨めば、死後因縁を解脱して、霊の故郷、極楽天国に帰天することが適います。

この様な理屈が理解できず信じられない人は、ただ先祖と同じように正しい生き方をしてさえいれば極楽浄土できると信じているからです。しかし神として尊ばれている聖人と称される方々は、なぜ艱難辛苦の苦行をしてまでも天道を追い求めたのでしょうか。

そこのところをよく考えなくてはなりません。

たとえ聖人であっても一旦霊がこの世に降世して肉体に宿った限りは、心身五体の陰の気を清浄（六根清浄）にして、陰陽の体から陽陰の体に戻さぬ限り再び神として帰天することが適わないことを悟っていたからです。

つまりそれは陰陽の体から陽陰の体に戻すことが、悟りを開くという道の摂理であるからに他なりません。

つまり道の摂理である天道は孔孟聖道《こうもうせいどう》〔孔子様、孟子様〕の教えに則した聖人の道を行いいますが、それは「性理真伝《せいりしんでん》」とも称されます。

宇宙に二つとない『正法』を伝える天道は、この世に存在するあらゆる教えの根源である最上の道『一』を悟らせて、そして修めるのが趣意である訳です。

真理の根本である大極の一点『━陽』は宇宙一切に徹《てっ》し貫《つらぬ》いています。

これを天道では「至善《しぜん》（善に至る）」といい、人間が追い求めるべき究極《きゅうきょく》の道です。

私達が悟りを開く為には、『正法』によって陰陽から陽陰に自らの身体を変化させなければなりません。

その為には、陰陽（苦の世界）に住まう私達であることを一日も早く理解して、生死を続ける輪廻転生の途《みち》を、天に至る道『正法』によって顛倒《てんとう》させて、その心身を陽陰に変化させればいい訳です。その証しとしては何ですが、天道では『正法』を授ける『得道儀式《とくどうぎしき》』において神様をお迎えする『請壇経《しょうだんきょう》』のお経の中に「運転坤乾《うんてんこんけん》」とあります。

これすなわち「坤乾《こんけん》（陰陽）の運《うん》を転《てん》じて乾坤《こんけん》（陽陰）に！」という意味です。

天は弥勒佛《みろくぶつ》の白陽天国を迎えるに際し、私達の霊を「玉石分判《ぎょくせきぶんぱん》」すると警告を発しています。つまりその玉と呼ばれる霊は、輝く玉『得道』を指し、まだ『正法』をいただかない霊をただの石と判別して、選り分け、そして輝いている玉だけでもって白陽天国を構築するといわれています。

私達もまた聖人と同じ『善』の霊を有している限り、聖人となんら変わりがありません。そう悟れば一日も早く天道の『得道』を授かって白陽天国への準備をすべきです。

聖人と私達の違いは、ただ陰陽の心身を陽陰の心身に戻すべきだと悟るか、悟らないかの違いだけです。

聖人は陰陽の心身を陽陰の心身に戻すべきだと素早く悟って「六根清浄」の行に専念しそして因縁解脱の法を授けて下さる明師《めいし》を探し求めたのです。

信仰における『善』を修める行では、心身五体から生まれる陰気の元「六根」を、まず清浄にする『法』を求めなければなりません。その六根清浄とは……！

六根清浄《ろっこんしょうじょう》とは

六つの陰の根を清浄にするという意味ですが、なにせ人間は五臓六腑と称する肉体を持って身体を構成しています。

臓も腑も陰を意味するニクズキヘン（月）が文字に付いていて、その陰の根の深さをまざまざと見せつけています。とりわけ、体内における五臓の部分は木・火・土・金・水という五つの気を象徴しています。

大宇宙に対して私達の身体は小宇宙と謂われ、身体は大宇宙と全く同じ陰陽五行の気をもって組織され創造されています。

特に人間にはそれぞれ異なった性格や性質があるように、身体に含まれている陰陽五行の気の割合が、各自それぞれの生年月日時によって異なっています。

自然界の四季折々に気候がめぐるように私達の身体にも血の流という循環機能があり、血液が全身をくまなくめぐっています。時折気象にも天候不順があるように、私達の血脈も速くなったり遅くなったりして乱れを起こすと、精神的に動揺が起き身体に不調を訴えます。

それは天の陽陰五行の気とそれぞれが持つ体内の陰陽五行の気とが離れることなく絡みあったり、反発しあったりして人それぞれの気分を作り出しているからです。

故に雨の日を喜ぶ人もいれば、嫌う人もいるという訳です。

暑さを好む人、寒さに弱い人など、天の気の受け方がそれぞれ異なります。

これは取りも直さず天に左右されて生きているという証しでもあります。

天には六合《りくごう》と称する東西南北と上下の方位があり、その方位に順って春夏秋冬と土用の季節がめぐらされています。人間にも五体と五臓六腑があってその身体を整えています。

その五臓である肺臓・心臓・脾臓・肝臓・腎臓が傷まると生命に危険が生じると言われますが、しかし最初からその五臓が傷まる訳ではありません。

大方は六腑の大腸・小腸・胆・胃・三焦・膀胱に原因があると言われます。

しかもその六腑は身体下腹部に属し陰の影響を強く受けています。

陰に属する内臓は、冷えることを特に嫌う訳ですが、その六腑が身体内部の陰を代表するように、身体表面にも六つの陰を代表する部分があります。

それが「六根清浄」と呼ばれる眼・鼻・耳・舌（口）・身・意（心）の六つです。

それら六つから起こる欲望を断ち切って心身ともに清浄になることを「六根清浄」といい、修養の為や修行する人達がまず最初に願う心身浄化の箇所です。

そもそも五臓六腑を清浄するとは言わずに、なぜ「六根清浄」というのかと言えば、眼《げん》耳《に》・鼻《び》・舌《ぜつ》（口）・身《しん》・意《い》（心）の六つに根が付けられているところに根拠があります。

以上の六つがそれぞれ機能を働かせて心身が満足するところの物欲や財欲、さらには利欲を得ようとする意識の発源元であるからです。例えば眼の場合、きれいなものを見て身につけたいという思いがつのると、それが欲しくなります。

その場合、眼がそれを捉えたことが原因となり、物欲の発端となります。

そこで我慢ができればさしたることはありませんが、是が非でもと欲求が強まれば、何らかの方法が考え出されて、それに向かっていくことになります。そのために人を困らせたり罪を犯すことにもなれば原因結果という因果応報《いんがおうほう》に入り込んで苦しむことになります。

これは一例ですが、他の五つも同じように原因結果の因果律《いんがりつ》が生じ易く、しかも六根は互いに連動していて、要求や欲求を呼び込む働きを互いにしながら、そして共有していきます。

見て心が動揺する、聞いてみたくなる、香りをかいで食べたくなる、見て体が要求する口が淋しいから食べる、身がおさまらないから求めるなど、気持ちが納得しないかぎり、収まりがつかないのです。

以上のように六根は名利《めいり》に関する欲望や物欲、それに財欲、欲情といった欲をつのらせるので、それらの欲を遠ざける為に修行者の第一条件として「六根清浄！」と唱えて、わが身を叱咤しているという訳です。

その「六」という数字は信仰上色々の意味に使用されています。

六天《ろくてん》〔仏〕欲界の六つの天。

六妄《ろくもう》〔仏〕色・声・香・味・触《しょく》・法の六塵《ろくじん》の迷い。（六根の別称でもある）

六情《ろくじょう》〔仏〕六種の感情、喜・怒・哀・楽・愛・悪。

六道《りくどう》〔仏〕天上・人間・修羅《しゅら》・餓鬼《がき》・畜生《ちくしょう》・地獄《じごく》。

六道を六趣《ろくしゅ》とも言う。

六道、六趣とは、人が犯したそれぞれの行いによって、死後住むところが異なる六つの世界のことで、行く道は六辻《ろくつじ》といわれ六つあります。

（天道では気天《きてん》・阿修羅《あしゅら》・人間・餓鬼《がき》・畜生《ちくしょう》・地獄、としています）

六道辻《ろくどうつじ》〔仏〕六道へとわかれて行く分かれ道。

六道銭《ろくどうせん》〔仏〕死者を葬《ほうむ》るとき六道の旅費として、お棺の中に入れる紙銭。

以上のように「六」という数字は陰界を意味する数字として信仰上しっかりと根を下ろしています。

その六根清浄の六という数字を漢和辞典に見てみますと、

2【六】もと八2 ㊥ロク・リク ㊀ムっ。ムッつ。ム、数の名 ㊁ムたび。六度。六回 ㊂易の陰爻《ウコ》

と記され、六という数字が陰の道を意味していることが知れます。

「六根清浄」の別称として、例えば「陰根清浄《いんこんせいじょう》」と表現しても決して差し障りはなく、宗教での信仰上における真実を知る上で重要視されて当然かと思われます。

宗教界において、天界・天上・極楽浄土などの名称が六道に含まれて解釈されている限り、それは誠の極楽天ではなく一時的な楽の場であって、楽を極め続けるところの極楽天国ではありません。

「人は死後、極楽浄土して後、いずれ時が至れば再び人間に生まれ変わる」という説が宗教界ではいわれますが、このこと自体が六道輪廻を言い表しているからです。

六道輪廻は、私達の霊がいくらもがいても決して「法《ほう》の輪《わ》」から逃れることができないとされる因縁因果の道、地獄道です。

チベットのラマ教においてもラマ○○世と尊称し、その「世」の数をもって転生回数を表しています。これもまた陰陽道の流れの中の教えということになります。

本来ホトケ（死んだ人）のことを御陀仏《おだぶつ》様といい、悟りを得て亡くなった聖人に対しては仏陀《ぶつだ》（すべての諸法を覚知した者つまり、悟り得た者）と尊称していわれます。

陀仏と仏陀は字がひっくり返っています。これすなわち陰陽が陽陰に顛倒している証しです。今では亡くなった者をホトケといい、仏様はブツと使い分けしています。

それでは陰の六に対して陽の数はと問われれば、それは九という数をもって理の数を表します。その謂われは陰陽五行から出されています。つまり、
五行（木火土金水）を数で表すと１・２・３・４・５の順となります。

この場合の数は易学上の数で、天の理に則って陽⇩陰の順番でもって定められています。

つまり、1↓2↓3↓4↓5

⇦　⇦　⇦　⇦　⇦

陽　陰　陽　陰　陽と判別され、そのうちの陽とされる数を加えると

1＋3＋5＝9となり、9は陽の最高陽数【善】となります。

また陰数の2と4を加えると（2＋4＝6）6となり、6は陰の最高陰数【悪】です。

その最高陰数6は聖書にも見られます。

それは新約聖書巻末の一書『ヨハネ黙示録』に、キリストの再来、神の国の到来と地上の王国の滅亡を叙述している預言の中にあります。

黙示録第13章第18節

知恵はここに必要である。
知恵ある者は獣《けもの》の数字を数えよ。
数字は人の数字にして666なり！
6は悪魔の印、
666とは魔性の者の三位一体《さんみいったい》で、
悪魔と反キリストと偽預言者を示す。
悪魔は人の姿（オーメン）で人を欺《あざむ》き、
やがて正体を表して攻勢に出る。
知恵ある者、思慮ある者は獣の数666を解け、未に救われぬ者、獣に裂かれる。
善の三位一体は、父と子と聖霊か、
聖なるものには必ず悪がつく。

以上のようにキリスト信仰においても6という数字を、陰の象意として扱っています。
また6の数字とは反対に『善』を示す9の数字に関して『ヨハネ黙示録』の第7章に適切に、詩われています。

私は、地の四隅《しぐう》（東西南北）に立っている四位の天使が、
他の四方（東南・南西・西北・北東）の風を止め、
地にも海にもどんな木にも風が吹かないようにしているのを見た。
また東からのぼるもう一位の天使を見た。
かれは、生きる神の印を持っていた。
かれは、地と海とをそこなう権力を与えられている。
四位の天使に「私達が、神のしもべたちの額《ひたい》に印《しるし》をするまでは、

地にも海にも木にも触れるな」と大声で叫んだ。

私は、しるしをされた人の数を聞いた。

それはイスラエルの子らのすべての部族の中から十四万四千人であった。


この予言は末劫《まっきょう》前（人類滅亡前）の予言で、末劫から人々を救う為に「生きる神の印《しるし》」を額に印し、そして無事救われる『善』なる者の数をいい表しています。

その数は十四万四千人、これを一桁の理数に改めると、1＋4＋4＝9となり、9の数をもって救われる『善』なる者達を暗示していることが知れます。

このように、この世に存在するあらゆる信仰上の、教典、聖書、聖訓などには必ずといってよい程、善の数として9、悪の数として6が黙示されています。

黙示とはつまり、はっきりといわず暗黙の中に意思を表示して語られていることですが、仏教の教典においても、
弥勒《みろく》仏（3＋6）が、この世を浄化するために五十六億七千万年を経て、再び兜率天《とそつてん》か

ら下られ一切衆生を済度《さいど》される。

と記されています。

これもまた5＋6＋7＝18で、その18を一桁の理数にすれば、1＋8＝9となります。

つまりこれは「陽が極まれば、陰に転ずる」の法則にしたがった暗示で、太陽の恵みを受けて万物が生き永らえているこの世も、浄化する時期が来れば次第に陰の気が増しはじめて、暗黒の世界へと突入していくことになります。その前に弥勒仏《みろくぶつ》（3＋6）が兜率天《とそつてん》から下りられて、衆生を極楽浄土へ救済するという意味です。

以上のように陽数9、陰数6は善悪の状況を映し出して、そしてその不可思議な霊能力を黙示録、聖典、教典といった中において示唆しています。

その不可思議を今度は音霊《おんれい》に換えてみてみましょう。

つまり音霊とは一種の言葉のリズムで音の波動をいいます。

その音霊は私達の耳から入って脳細胞をまず刺激します。

言葉の響きや強弱によって霊性《れいせい》を働かせる私達は、動いたり止まったりして様々な行動をとる訳ですが、その音に導かれるという意味から、その力の働きを霊導力《れいどうりょく》といいます。

そしてそれも木・火・土・金・水の陰陽の五行によって支配され、活動しています。霊導力の波動は必ず最後にアイウエオの五つの母音に戻り、そして音は消えていきます。つまりアイウエオという母音に聖と魔の音を合わせてみると、最初と最後、上位と下位という不可思議な音霊《おんれい》の偶然を垣間見ることができます。例えば、

アイウエオ
⇦　←
アーメン⇧⬇オーメン

取り分け「オ」という音霊には水の性が含まれていて、霊的な誘導が重要な役割を果たしている不吉な現象が数多くあり、霊的な影響が受け易い人にとっては、その音霊は姓名に顕著に表れるようです。とりわけ姓よりも名前の頭に「オ」の母音に属するものを持つと精神面や健康面、また運にも霊導力の影響が少なからずあるとされ、人によっては知らず知らずのうちに霊的な誘導を受けることがあります。

その水の性を持つ音霊の影響力は様々で、水はわき水からはじまって小川となり、さら

に集まって川となり、池となり、湖となったり、また一方では河川や江になり、最後には大海に流れ込んでいくように、水の性は変化激しく波瀾万丈を意味します。

水の性には大海小水《たいかいしょうすい》があるがごとく苦労惨憺《さんたん》した末に大成する人も、実に多くいます。

また「オ」の音霊は人間ばかりではなく、あらゆる商品の名や店名、さらには組織的な名前までも影響を与えているようです。

もともと人間をはじめ霊的動物のその肉体は、大自然の霊気（木・火・土・金・水の五行）が凝結して出来たものですから、その大自然もまた神という霊能力が働いて創り出された限りは、当然地球上の森羅万象万物にも霊能の力が及んでいます。

しかし霊能の力は決して善は善、悪は悪という象《かたち》の及び方をする訳ではありません。

あくまでこの世は陰陽の世界ですから「陽中に陰あり、陰中に陽あり」で陰陽は共存し合っていますから「オ」の音霊にも善し悪しがあるように、６の陰数にも当然善し悪しがあります。

ただ凶兆や苦労事が受けやすいという点、否めないだけです。

特に人間は他の動物以上に霊性が高等ですから、もしも6が暗示する魔力が働いたとしたら、その魔のコントロールははるか人間の常識の領域を越え、人々を恐怖のどん底に叩き込む恐れは、次のように考えると十分あります。

その「ア」と「オ」の相違を、辞典で比較すれば次のようになります。

あ（阿〔亜〔痾〔鴉　↓【漢語の造語成分】　お（汚・悪）

⇦【阿弥陀菩薩・阿羅漢・阿闍梨】　⬅【悪人・悪魔】

アーメン⇧⇧⇧⬇⬇⬇オーメン

⇦　⇦　⬅　⬅

聖　母　魔　母

⇦　⇦　⬅　⬅

一　母　六　母

⇦　⬅

陽　陰

そしてもし、その陰数六の魔力が私達にも及んでいるとしたら、……。

魔の六から逃れるには

私達は、その魔の数字である最大陰数六の支配から逃れる算段をしなくてはなりません。

道を修め徳を養う者にとって尤《もっと》もおそれるべき不徳を象徴する六は私達の心と肉体に宿り、人生途上における悪い因縁を生み出す役目を担っています。故に真の道を求める人達は「六根清浄」を唱えて心の修養に努めるのです。つまり無欲に徹して、その道を行うことが、心の修養といわれるところの「六根清浄」となるからです。

魔の数字、陰の六を、心身から取り去るには非常な苦労がいると謂われますが、その訳は、次の文字に注目していただければよく理解できます。

冥途（仏）死者の霊魂が行くという所、あの世、よみじ（冥土とも書く）

冥の字は、**冖**、**日**、**六**の三文字で組まれており、**六**の象意が伺われます。

この六の数字を取り去ることが『因縁解脱』するということで、冥途すなわち地獄道から抜け出して極楽浄土へ旅立つことができることになります。故に「六根清浄」なのです。

キリスト教も六なら、仏教もこのように六に畏《おそ》れを暗示しています。

六を切り離すことができない限り私達は永久に冥府魔道《めいふまどう》（閻魔《えんま》の庁《ちょう》、閻魔様の支配下）から逃れることはできません。

そのような意味から死者に冥福を祈る訳ですが、冥福とは「冥途《めいど》で幸せに！」という意味となります。

このようなことから察すると如何にすぐれた神通力や霊能力があっても、また長年その道に尽くしてきた長老であっても、人間である限り、信仰の対象とすることは非常な誤となります。人間自体に心身を有している限り、誤りもあれば、〝我欲も無きにしも非ず〟ですから、教祖や霊能者を対象にして信仰すると困難に陥ったり、行き詰まったり、信頼を無くしたりして道からはずれる結果を招いてしまいます。

人に道を学び示していただくことは非常に大切なことですが、誠の天の道を悟る為には、自然界が陰陽の法則でもって動いているという現実をしっかりと把握して、天の理を学び、そして知ることが最も大切なことなのです。

誠、天の道はただ一理で、二理、三理は決してありません。

また数学上の計算にしても答は一つで、決して二つの答がないことは公然の理屈です。天は『真理の道』を自然界に、理数に、漢字に、言葉に収めて隠すことなく黙示しています。「理屈が立つ、立たぬ」「理屈が通る、通らぬ」という言葉がありますが、これも道は一つだということから使われている言葉です。

『道』は一つであってこそ、誠の信仰なのです。

真理を求める限り、どのような方面から追求してもその結果は「一理」です。

私達はそれを知りながら迷い、四苦八苦するのですが、それもまた人生である訳です。

惑って迷う、その元凶は天の理に無知なる自分にあるということを知ってほしいのです。

道徳教に「人は一を得ればもって聖になる」と述べられています。

その真理の『一』を、易経では「乾《けん》（天）は一なり」とし、儒教では「惟精惟一《これせいこれいち》」また「中《なか》を執《と》りて一《いち》を貫《つらぬ》く」と説き、仏教では「萬法一《まんぽういち》に帰す」と、教えています。

さらに道教では「元を抱いて一を守る」と、それぞれ『一』をもって真理を表しています。しかしこれらは東洋での学問であり、信仰であると言われるかもしれませんが、あくまで真理は一理である以上、西洋もまた『一』が聖人の聖でなくてはなりません。

したがい、それを証明する為には、まず宇宙の真理を凝縮している易の「先天八卦図」を見ていただかなくてはなりません。

先天の八卦図は私達の感覚で作られた図で

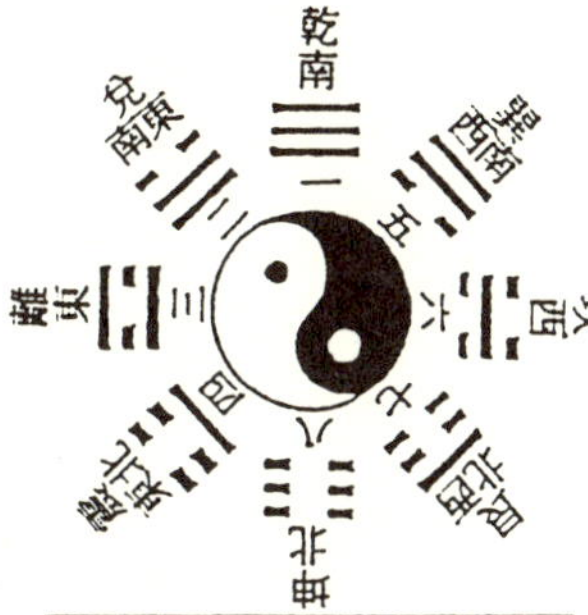

先天八卦図

はなく天の理を陰陽図にしたものですから、その方位は陽陰の方位で作られており、通常私達の見る方位とはまったく逆になっています。

それを簡略明解に言えば、易では南は下ではなく上に位置しています。

先天の八卦図の上手に、乾《けん》・南・☰《けん》と記されてあり、下に一という数字があります。

その『一』に秘められた悟りの天機〔天の秘密、造化の機密〕は、かつての聖賢仙仏が難行苦行にも猶耐えて追い求め続けたところの聖なる『一』、悟りを象徴しています。

その『一』を易では「南」としています。

仏教では南無の南をもって悟りと解き、極楽浄土した仏陀の冠には、南無釈迦、南無観音南無菩薩と尊称し、聖人として敬っています。

すなわち悟りを開く鍵が「先天の八卦図」に暗示されている南の『一』にあります。

そのようなことから**南無妙法蓮華経**と唱えれば、極楽浄土へ行けるとされて唱え続けているのですが、なにせ極楽浄土に上るには『正法』の「妙法」が必要だと、『南無妙法蓮華経』のお経では『妙法』とハッキリと告示されています。

妙法を得るその真意は、先に述べていますが、「**南**」の字を分解していけば幸の字が**南**の文字に含まれているところにあります。

その上部の『二』を「幸」の字から抜き去ると「辛」という字が浮かび上がってきます。辛い人生など誰も望みません。だから無つまり『二』以外の何物もいらないのです。私達にとっては悟りのシンボル『二』を得ることが、因縁解脱するということになるのです。

その『二』を得るには、天命を授かった明師（点伝師）と称される師から妙法を授けていただかなくてはなりません。

つまり、いくら毎日お経を繰り返して唱えても、因縁解脱することは不可能なのです。この世に存在するあらゆるお経は天の道を悟らせるための「道の書」以外の何物でもありません。絵に描いたもちと同じです。

天はあくまで無、すなわち真理本意ですから『二』の悟りを得ぬ限り、如何なる人も極楽浄土することは適いません。

悟りの真理は東洋も、西洋もまったく同じで「理は一つ」です。

西洋では聖人の『聖』を名前の頭につけて聖イエス、聖マリヤ、聖ニコラスと尊称していますが、その聖という字は東洋における南無の「南」を意味し、神・仙・仏を表します。

西洋では「聖」をセント・サンタ・サント・サンと発音し、聖人、聖者、聖徒を表しています。

つまりサンタマリヤ（聖母マリヤ・処女マリヤ）、セントニコラス、サンタ・クロス等ですが、「セント」はアメリカでは「南」を示しています。

例えば、セントバーバラ（カリフォルニア南部のバーバラ地方）とか、セント・ヘレナ（南大西洋上の孤島の名）などが例に挙げられます。

「サンタ」の場合は　ポルトガル、スペイン、イタリアなどの国々の言葉では『聖人、聖女』という意味として名前の上に「サンタ」の称号をのせて、そう呼んでいます。

ポルトガル語の「サント」も聖人という意味で、「サントス」になると聖人達、諸聖徒となります。また「サントス」は南米、ブラジル南東岸の港湾都市をいいます。

さらにフランスの大予言者であるノストラダムスの末劫《まっきょう》予言に、

「マルスは幸福の名のもとに支配に乗り出す」

とありますが、その「マルス」の「ス」はフランス語では聖人の聖を意味し、また同じく「南」を表しています。以上からみても『悟り』の極《きわ》みは、「南」に蔵された『一』であることが証明されています。聖人や賢人が追い求めた神への道は、共に究極の『一』が端を発し、全世界へと広がっていったことが「南」の『一』をもって知ることができます。

しかしここで重要かつ問題とすべきことは、「聖」または「南無」を、神・仙・仏・聖人・聖者の名の上に乗せて尊称しているにも関わらずノストラダムスの大予言では『マルス』と「聖」の称号を下に持ってきているところです。

通常人間が因縁解脱して、悟りを開き、そして神・仙・仏・聖人・聖者となれた場合、「聖」または「南無」を冠するのが通例ですが、その「ス」の上の『マル』を、誠の神、天地創造神として理解すれば、その違いが納得できます。

天地創造神『マルス』つまり幸福の神『マルス』は、人類滅亡の時期が迫れば『マルス』の命《めい》をもって、極楽浄土へ戻すべく霊《たましい》の救済に乗り出すという暗示がノストラダムスの予言であると納得ができます。

魔の六、つまり冥府魔道の六道輪廻から因縁解脱して『一』の世界、極楽天へ帰ることが人類にとって如何に重要なことであるか、それは論を待つまでもありません。

しかし聖人賢者は、自ら艱難辛苦の修行をして自ら悟りを開いた訳ではありません。

艱難辛苦の荒業や不眠不休の精神統一などを続行して、因縁解脱の法に巡り逢う機会をうかがい続け、願い続けた結果であります。

つまりその難行苦行は『一』を授けていただくための下準備だったのです。

六根を清浄にして『一』を授かる為に、かっての聖人賢人は言葉では言い表せない程の苦労を重ねながら『一』の道を追い求めたという訳です。

この世のすべてのものの教えは『一』から生まれ、そして始まっていることから天道では、すべての人が極楽天国に救われるようにと「万教帰一《まんきょうきいつ》・普度収円《ふどしゅうえん》」を主旨にして、世の人々に呼びかけています。

つまり万とある宗教を、『一』なる道の教えの一点に帰一《きいつ》させる為、天道の三宝（妙法）を普く人々に授けて『マルス⊙』の元に収円するということになります。

私達の天地宇宙は「一理の世界」ですが、国が違う、人種が違う、言葉が違う、だから教えも違うということは非常識です。宗教の違いがあっても、思想の違いがあっても、敷きつめれば皆「一理」の『一』を求めての人生途上である訳ですから皆同胞です。

釈迦の元へ、キリストの元へ、マホメットの元へ、観音の元へと願う限りは、またそれぞれの信仰の師が悟りを開いている限りは、天道の『得道』を授かっておけば、それは適うことです。

天道は天地宇宙の創造主・老中様の慈悲にすがり、極楽天国へのキップをいただくだけであって、僅かにも魂胆はありません。

『得道』を授かった後は何にも縛られることがなく、自由にして結構です。北極に行こうが南極に行こうが守るのは神様ですから。

因縁と四生六道《ししょうろくどう》の関係

史記《しき》に、

「この世の幸不幸は、より合わせた縄のように、常に入れかわりながら変転する」

と記され、また左伝《さでん》には

「禍福は、あらかじめ定まった門から入って来るものではなく、悪を行えば禍が来、善を行えば福が来る。幸不幸はすべて、自らの所業が招く」

と述べられています。

これは「原因あっての結果」の話ですが、大方の人はその実際の恐ろしさを知りません。生活上に生じた困難に対して「やってしまったから結果こうなった」「やった以上は、責任を負う」というふうに、因果は過去から引きずってきた負い目だと、軽く考えているようです。しかし聖人賢人が悟りを得て因縁解脱し、極楽天への道を追い求めたのは因果の恐ろしさを理解したからにほかなりません。因果とは人間一生における善悪の行為が、死後において賞罰が審判され、そしてその結果その善悪の行為に対しては、次の人生において絶対的責任を負わされるという義務のことをいいます。

私達にとって最も恐れるべきことは「四生転生」といって、人間が動物類・鳥類・魚貝類・虫類などに転生させられるか、それとも六道輪廻の道に入って、餓鬼・畜生・地獄の三つの地獄の道のいずれかを選ばされるか、ということです。

「四生六道」という輪廻の道は、人間のように霊性を持つものが六万年来背負い続けてきて、まだ切り離すことができない最も厄介なシロモノなのです。これを因果律《いんがりつ》といいます。

有形、無形に関わらず霊が存在する世界、すなわち私達の霊界はすべて天の定めた法にしたがって天地は循環運行しています。したがい霊の輪廻もまたそれに見合ったものなのです。その輪廻の「輪《りん》」とは輪《わ》であり、「廻《ね》」とは、まわり転じて止まらない状態を表します。その輪廻の法の世界にいる私達が求めてやまないもの、「幸せ」とは、生きて行く苦労、老いる哀れさ、病気にたいする恐れ、死に逝く悲しみでは決してないはずです。

誠の幸せは『極楽』といって、「楽を極める」という意味が暗示されるところから求められる訳で、そこは常しえに楽しい所であるからにほかなりません。

それに反して私達の人間世界を、お釈迦様は「苦の世界」と位置づけています。

それは私達の霊がこの後も四生六道の輪廻を続けるか、それとも因縁解脱して常しえに楽を得る極楽天へ帰天するか、そのいずれかを選びなさいという聖なる諭しでもあるのです。

六道とは、善を行って天上界に昇れば気天神《きてんしん》か或はと阿修羅神《あしゅらしん》のいずれかの霊域《れいいき》に配属される道か、または人間道か、それに反して悪を為して地獄界の陰界に沈んでいけば餓鬼《がき》道《どう》・畜生道《ちくしょうどう》・地獄道《じごくどう》のいずれかに配属されて、罪の清算をさせられる六つの道をいいます。

この世において体を有して霊性あるものには、動物類、鳥類、魚類、虫類などが在りますが、それらに生まれる道を四生といい、先の六道と交えて「四生六道」といわれます。四生の輪廻には胎生《たいせい》・卵生《らんせい》・湿生《しっせい》・化生《かせい》の四つの道があり「生《せい》」の文字がそれぞれに付けられているのは、人が死ぬ時、霊《たましい》が四つの門である眼・耳・鼻・口にある計七つの穴から出ると、その類に生まれることからそう言われています。

つまり人間は人間道という「道」とは別に「裸生《らせい》」とも称され、「道《みち》」と「生《せい》」の二つの道を持っており、死後いずれかに転生していくからです。

人間の霊は四生に転生することに因って、空を飛ぶこと、陸を走ること、水に泳ぎ潜ること、さらに睦み合い、協力し合い、相争い、食い合うことなど様々な動物的本能を覚えて、再び六道に舞い戻ってくるといわれます。

故に肉という文字には人、人が入っているという訳です。

人が死ねばその霊は四門《しもん》から出る訳ですが、身体にはさらにあと二つ六道に通ずる身の門と、意の門があり、四門と合わせて身体には六門あることになります。その六門とは「六根清浄」に謂われる眼《げん》・耳《に》・鼻《び》・舌《ぜつ》（口）・身《しん》・意《い》に当たります。

このような理由から「六根清浄」といって、なぜ「六根」をそこまで清浄にすべきなのかが、知れる訳です。

この「生」の門分けは陰の最大数、六と深い関係があります。

つまり、一・二・三・四・五の数のうちの陰の数二（身・意）と四（眼・耳・鼻・舌）の六門と相通じるからです。

以上から見て四生六道の輪廻転生の天律《てんりつ》は陰の道をもって敷かれていることが分かります。

四生または六道のいずれの道を選ばされるかは現世での行為に加えて、これまでの功徳に因《よ》るところが大ですが、私達の世界は「陽が極まれば陰に転じ、陰が極まれば陽に転ずる」の世界ですから、同じ世に住む人間も四生も、その理にしたがって陰陽の循環関係にあります。

それを意味し表現している言葉に「九死に一生を得る」があります。

つまりこの世では人間が陽とされ、動物などの四生が陰とされ、私達の霊は六道を輪廻しながら人間に生まれては死に、そして六道に転じていきますが、その人間の道を九回転生して終えると「極が極まって」、そして六道を離れて四生の道に転生します。

その四生の道を「九死に一生」を得るまで、四生での生死を繰り返し、再び人間に転生して死後六道に入り、また「九死に一生」を得るまで六道を繰り返し、そして四生へと、その有様を永久にとどまることなく繰り返し続けて、今日があります。

つまり人も極に達すれば四生に転生し、四生も極に達すれば人間に生まれるということですが、「生まれては死に、死してまた生まれる」この言葉通りのめぐりを因果応報と称します。そして人間で居た時の因縁の報《むく》い、つまり「業《ごう》」は何一つ漏らすことなく輪廻転生する先々に付随して、人生上における富貴貧賤・吉凶禍福などの運となって宿ります。

その複雑で且つ切れ難い因縁を解脱して、四生六道輪廻の冥府魔道から逃れて安心立命を得て、そして不老不死の世界（生老病死のない世界）である、霊のふるさと極楽天国に帰天せんが為に、聖人賢人は悟りの道『一』を追い求めたのです。

故に仏教では人に「六門《ろくもん》を厳《きび》しく閉《と》ざせば六道《ろくどう》に通《つう》ずるを免《まぬが》れる」と教え、霊が運命を全うする為に、「六根清浄、六根清浄」と唱えさせているという訳です。

その運命を全うするとは……

神からいただいたもの

四生六道輪廻《ししょうろくどうりんね》の因縁から抜け出して、私達の「たましい」を極楽天に持ち帰った、その瞬間、「運命を全うする」という言葉の意味が適うことになります。

つまり『運命』とは字のごとく「命を運ぶ」といわれるからです。

その『命』は果たして、どこから運ばれてきたのでしょうか。

それは聖人、孔子様が言われた次の言葉から探り出すことができます。


『天《てん》の命《めい》、これを性《せい》と謂《い》う。

性《せい》に従《したが》う、これを道《みち》と謂《い》う。

道《みち》を修《おさ》める、これを教《きょう》と謂《い》う。』

以上を要約すると、
天からいただいた「いのち」のことを「性」といい、その性とは「霊・たましい」のことですが、決して今日の私達の持つ汚れた「たましい」のことではなく、純粋、純陽、純善といわれる程、純真無垢で汚れのない「性《たましい》」のことをいいます。

天が望むところの行いは慈悲、慈愛、信愛なれば、その心掛けを行うことが純真なる「たましい」の努めですから、その純真な「たましい」の行いに従うことが「道」を行うということになります。

本来、私達の持つ「たましい」は元々純善な「たましい」でしたが、輪廻転生するごとに慈悲、慈愛、信和を忘れて、自分自身の喜びや満足を求めるようになってしまいました。

その自己中心的な行いを反省させ、天が望むところの慈悲、慈愛を再び蘇らさせようと、教え悟らせることを「教」、つまり宗教であるといいます。

以上の事柄を簡略にもって謂えば、
命⇧性⇧道⇧教となります。

『道』をもって「たましい」を天に帰すのが、本来の宗教である訳です。

かっての聖人の言葉が理解できれば、自ら悟りに近づくことができる訳ですが、残念なことに、今では「教」とされるところの「宗教」は、生業《なりわい》を求めて現世利益をうたい文句にし、独自の教えを創り出しては競い合っている有様ですから、教え自体に「天の道」や

「天の性《たましい》」をよみがえらせて『天の命《めい》』を得る術を失っています。

宗教界を含めて、一般では「運命は変えられる、宿命は変えられない」と云われていますが、これは全く逆です。宿命は「功徳」でもって変えることが適いますが、運命は決して変えることができません。

運命には「運命を全うする」という言葉があるからです。

しかし宿命には「宿命を全うする」という言葉がありません。

「全うする」ということは、終える、完了するという意味ですから「宿命を全うする」という言葉が存在しない以上、宿命は変えることが可能だという意味になります。

古えに結ばれた因縁は、その霊が再び人間に転生する時期が来て生命を得ると、その日時に宿ります。

結果としてその人の容貌、性格、境遇、運などが定まり、新たな人生が芽生える訳ですが、その宿命が人によって運が異なるのは一人ひとりの生年月日と生まれた時間が違うからです。

つまり因縁は宿命、宿命は生年月日と生まれた時間に宿るということになります。

ですから人の吉凶禍福の内容は、生年月日と生時によって異なる訳です。

財福に恵まれる人、貧困の人、健康な人、病弱な人、五体満足な人、五体に欠けのある人など様々で、この世に生まれてきた限り、因縁因果は「運」という形に姿を変えて、人生途上に現れ、そして人それぞれに悲喜こもごもな苦楽を与え続ける訳ですが、中にはその苦しみに耐え切れず自ら命を絶つ宿命を持つ人もいます。しかし因果律《いんがりつ》はあくまでも原因結果ですから、決してそれで終わる訳ではありません。

自殺した者は次の人生でも自殺を思う、あるいは死を願うといった過酷な状況下に置かれて厳しく試されます。天から与えられた命を自ら絶つ限りは、天は容赦なく苦の縁《ふち》に沈めて霊を鍛え上げていきます。つまりそれは天寿という天命が霊に付与されているからです。

なにしろ私達の宿命には「全うする」という言葉がないので、一つの因縁を解消した時には、また別の因縁を結んでしまっていて惨憺たる状態です。

その宿命の「宿」という文字には、とまる、寄生する、動かない、古い、以前から、前々からといった意味があるので、切り離すことは中々容易ではありません。

したがい、私達人間は「業《ごう》（因縁）が深い」といわれ、その「業」のもとは前世《ぜんせい》・前前《ぜんぜん》世《せい》と俗にいわれる過去世に原因があります。

「業を一つ一つ消していく」という言葉は、功徳でもって悪因を消していくことです。

「徳を積んで、来世で幸せになろうね」ということは、人は生まれ変わるという事実を知っていて使っている言葉です。ただ人間はそれを認めたくないだけなのです。

人生を幾度も繰り返すということは生死を止《と》め処《ど》もなく繰り返すということで、今の一生が終われば、また次の一生が待っているということになります。

問題は、どのような容貌で、どこの国に生まれるのか、そしてどのような境遇に立たされるのかということです。

因縁がまた因縁を生み、その因縁がまた因縁を生み続けているのが人間である訳です。

それはいつ終わるのでしょうか。それを一日も早く終わらせるには人生途上という「途」を終える以外、『道』はありません。

幸福も、喜びも、嬉しい時も、吉兆も、真実も、親孝行も、功徳も、皆捜し求めて来た幸せを意味する『十』の字が字の上に収まっています。

最も身近にあって最も親しんでいる文字に幸せの謎が込められているのに、あえて無視して、「幸」から『一』を取り去った「辛」という文字の人生を自らが選んで四生六道の地獄の道を歩み続けている人達が大勢います。

極楽への道を『得道』によってすでに得た人達から見れば実に哀れなことです。

私達の先祖は子孫を絶やさぬように、一生懸命働き続けて時代を乗り越えてきました。

しかしそれだけの為に一生懸命働き続けたのでしょうか。

いいえ、それだけが目的では決してなかったはずです。

先祖の一人ひとりが乞い願った「なにもの」かがあったはずです。

その乞い願ったものが自分の生存中に掴むことも、なし遂げることも、得ることもできなかったから、子孫にそれを託して先祖は輪廻へと旅立って逝《い》ったのです。

その乞い願ったものとは、暗黙の了解の「皆幸せになること」ただそれだけなのです。

なかなかその幸せを得る道、悟りを開く『道』を探し出すことも得ることもできずに、今もなお、一生懸命働き続けて「幸せ」を追い求め続けている人々が沢山います。

神の『道』はいつも私達の中に存在し続けて、本来誰もが持っている叡智《えいち》を目覚めさせようと必死に働きかけているのですが、貪欲で真理に無頓着《むとんちゃく》な人は振り返ろうとはしません。心を目覚めさせてくれれば『道』の真理が理解できるはずですが、誠に惜しいことです。

天はみんなが幸せであってくれることを願って、人々の眼の前に、幸せを得る『道』を目の前にかざしているのに、これまでの輪廻つまり地獄廻りのせいでしょうか、現世利益への欲望がうず巻いていて、とんと見向きもしてくれません。

本当に、幸せの道があることを知らない人達に、今言えること、教えてあげられることは「お寺に行って仏様のお顔をしっかり見つめなさい！　そしてその仏顔の額に『丸い一点が印されている』のをまじまじと見つめなさい。

そしてそれが悟りを開くところの『一点』が極楽への入り口であるということを示唆しているのだ！」ということを、胸が張り裂ける程に大声でもって教えてあげたいです。

悟りを開いて極楽浄土に戻り、そして神仏となられた聖人や賢人が願って止まないことは、この世とあの世の霊界に存在するすべての霊が示唆された額《ひたい》の一点を開いて因縁解脱し、そして元住んでいた極楽天国に戻って来てくれることですが、その願いに反して世の人々は、現世に囚《とら》われて、極楽浄土への道『一』を求めようとはしません。

私達の形象の世界は法則以外のなにものでもありませんから、いずれ聖人が語るが如く『一は万殊に散り、万殊は一に帰す』ことになるので、この世のものはいくら才能に優れ誇ろうとも、時至れば『一』に帰してしまうのです。

人間もまた神仏の一員である限り、極楽へ帰るのが遅いか早いかであって、ただ極楽へ帰天する時が遅ければ遅いだけで、苦しみが増え続けるのだという一言に尽きるだけです。

いくら未練がましくこの世での栄誉栄華を追い続けても、人は「裸生」である限り、裸で生まれてきて、そして裸で死んでいくのです。

それも、一生涯において得た金銀財宝や名利は何一つ持って生まれ変わってはいけないのです。

メーテルリンクの童話劇で、チルチル（散る散る）とミチル（満ちる）の兄弟を象徴する青い鳥を捜して、さまざまな国を夢の中で遍歴するのですが見つからず、目が覚めて、幸福の鳥は身近にいることを知ったように、幸福を象徴する『一』が身近に、それも本人が自覚さえすれば授かることも得ることもできるのです。

囚《とら》われた『一』

神からいただいた幸福のシンボルである『一』を一刻でも早く六道輪廻の迷路から解脱させて、我が身を自由自在の身にしなければなりません。

さもなくば、再び、誠の「幸せ」を得る機会が巡るのが十二万九千六百年後ということになると易の数は計算しています。

つまり私達が住む宇宙は最初から計算されて創造されているので、理屈さえ分かれば、誰でも計算することができるのです。

私達の宇宙は決して狂うことがない法則によって創造されていますから、時運が巡れば天の法則にしたがって次第に暗黒の世を迎えて、滅亡の現象が起きます。

明るい太陽の世界も時期が来れば、いずれ幕を閉じ、陰の世界、暗い世界、冷たい世界が訪れることは決して否定できません。

この世は陰陽の世界ですから、易では男は陽、女は陰として判別されていますが、次の頁の『大極図』に見られるように、かつては陽が盛んでしたから、男尊女卑の時代といわれ、道を求めて修行に励んだのは主に男性でした。

つまり男が勝っていた時代です。

しかし昨今はどうでしょうか。

女性上位の時代となり、政治にも事業にも女性が堂々と進出していて、ややもすれば主導権は男性から女性に移りつつあります。

さらに地震や天候不順、温暖化などの天変地異がいたる所で起き、それも予測がつきません。

陽が極まれば極まる程、陽の中の陰が胎動《たいどう》し始めて、次第に勢力を伸ばしてきます。

陰が勝れば勝るだけ世の中は騒然とし、天変地異があらゆる地域で起き、災難や禍が次々と人々に降りかかってきます。

文明文化が高度化すればする程、それに比例して悪のわざわいが多く生じてきます。

ごく普通の人達までも、天の異変の影響を受けて精神的な動揺が拡がり、イラダチが目立つようになります。

常にこの世は陰陽五分と五分ですから善悪五分と五分、苦と楽も五分と五分、医学上に見られる健康もまた同じく、いくら進んでも五分と五分で、エイズのように難病奇病が数多く現れてきます。

もう今はすでに、神に助けを乞う時ではないのです。

神からいただいた悟りの『二』、幸せの『二』を一刻でも早く授かって「陰」に左右されるところの輪廻の悪因縁を切っておかなくては、万が一、大災難が訪れたとき、神仏の加護を得ることができなくなります。

頼みとする、その『二』は目下囚《とら》われの身です。

囚《とら》われるとは、人《ひと》が□《かこい》の中にいる姿を字自体が表現しています。つまり囚人です。

罪を犯した人はその罪を清算する為に服役し、その服役の時期を終えれば□《かこい》が解かれ再び一般人として社会復帰し、自由自在が得られます。すなわち囚《しゅう》は社会での囚《とら》われです。

しかし輪廻転生を余儀なくされるところの因縁は天が定めた法に拘束され従わされています。

したがって因縁を解くには、天の法の定めをもって因縁を解く以外、道はありません。

つまり因縁解脱することです。

その解脱の脱の意味には次のような意味があります。

①からだにつけたものを取り去る。

②抜け出す。

③離れ去る。

さらに脱の字を月《つき》と兌《だ》に分離すると、互いに一つの意味をもって組み合わさっていることが分かります。

月は先の章の図のように私達の体に完全密着していて、身体そのものが月だといってもいい訳ですから、切り離すことは到底不可能です。

そこで今度は兌の意味を見てみましょう。

「①喜ぶ。②取りかえる。ひきかえる。交換する」とあります。

これをどのように解釈するかですが、月は肉体そのものを意味していますから、その肉体に付随して肉体が求めるもの、望むものを取り替え引き替えして喜んでいるその姿を現しているのが兌ということになります。

すなわち物欲、快楽、情欲、欲望などを呼ぶ心、求める心、そのような煩悩を現しているのが兌という字です。

因縁解脱の脱はすなわち肉体を持つが故に生じる欲望を意味し、それは眼《げん》、耳《に》、鼻《び》、舌《ぜつ》、〔口〕、身《しん》、意《い》〔心〕の六根から生じます。

つまり眼で見る、鼻で香りを嗅ぐ、耳で聴く、舌で味わう、身体に触れて感じる、心で想い求めるといったふうに、六根を持つ身体であるから脱ぎ去りなさいといわれます。

故に一般宗教では「六根清浄！六根清浄！」と唱えるのですが、生憎、清浄無垢《せいじょうむく》な霊を自由自在にすることができる因縁解脱の法『正法《しょうほう》』は持ち合わせてはいません。

私達の悟りの『一』、幸せの『一』は、六根に囚われて因業と化してしまい、今では、誠の幸せを求めて『道』を探す気力すら残っていない有様です。

「六根清浄」の本当の目的は因《いん》の囗《かこい》を取り除いて、中にある大《だい》という字を自由にすることですが、しかし囚人の囚の如く因縁の因の囗を切って中に囚われている大を自由自在にすることはそう簡単ではではありません。

妙法《みょうほう》によって、つまり法輪という囗《かこい》が懸けられた限りは『正法』による因縁解脱を図る以外、その囗《かこい》を解くことはできません。

大という字は、一と人という字が組み合わさった字ですが、問題は『一』にあります。

この『一』こそが私達の霊なる心なのです。その心が法の輪□に囚われてある限り法に従う以外途《みち》はないのです。

その法輪の□から解脱することが適う時まで、霊人は常しえに生死の繰り返しを続けなければなりません。

しかし世の多くの人は、なぜ因縁が絡まっているのか、なぜ心身を清浄しなければならないのか、その理由が理解できないでいます。

それは私たちの霊が汚《けが》れのない世界、極楽よりこの世に下ってきた、その理由に一因します。つまりこの世において神としての資格を取り戻せるかどうか、再びと極楽への門がくぐれるかどうかが試されて、今があるからです。

故に「運命を全うする」という言葉があり、霊なる心のことを精神、神経といって神として天は認めてくださっているのです。

天地創造神・老中《ラウム》様は私達を中子《ムシ》と呼んだり、観音羅漢《かんのんらかん》と呼んだり、児女《じじょ》と呼び続けて、心の故郷に帰り来る時を今か今かと心待ちしています。

私達の故郷である極楽天に戻るには、一旦因果に汚れた霊《たましい》を元の汚れのない霊に戻さなければなりません。『得道』はそのための妙法なのです。

この世には数え切れない程の宗教宗派が存在しますが、すべてがすべてこの世で生きていくための教え、処世といっても過言ではありません。なぜなら、天の理をまったくといっていいほど教義にしないで、聖人や功績のあった人の人生を語ったり、教えられたことで導くといった方便でもって神の教えを伝えていますし、また聖書、経典、仏典、コーランに書かれてあると語っては誤った方向に導いて、そして洗脳しています。

天道はあくまでも真理でもって教え導きます。

理から一を取ると埋もれてしまいます。その『一』こそが天の心ですから、因縁の因の口から抜け出した大という字に、天の『一』を乗せると天という字になります。

一方宗教宗派の辿る途の字には天という字は付けられません。

そのように悟りの道は聖書、経典、仏典、コーランなどにいくら探してもありません。

天の理をひもといて、そしてその天の道を明らかにした時、自ら知れるもので『汚《けが》れのない世界』のことを天道では、純陽《じゅんよう》、至善《しぜん》或は純善《じゅんぜん》と称し、純真無垢で汚れのない霊以外、誰もその世界には住めないことを教えています。

その純陽の世界である極楽浄土は、輪廻を律とする法輪の中には存在していません。

この世は法輪と呼ばれる陰陽の世界ですから、その陰と陽を判別すれば、土より下を陰《いん》界《かい》と称し、土より上の宇宙空間は太陽の世界で、汚れはありますが一応陽界《ようかい》といいます。純陽の世界である極楽浄土はさらにそれよりはるか上天の陽陽《ようよう》〔明明《めいめい》〕の界にあります。霊がその純陽界に戻り、そして住まう為には因縁という□《かこい》の枷《かせ》を取り除いて因縁を持たない自由自在の霊にしなくてはなりません。

意に反して霊に因果という汚れが取りつくと、元々重量が無かった霊に重みが生じて宇宙空間はるか上空へ昇っていくことになります。

因果を背負った霊は、人間に転生する度に清浄であることを義務づけられては誕生するのですが、結局は肉体を悦ばす方向に傾いてしまい、この世での『善』の修行は二の次になってしまいます。

事実、四生六道輪廻の繰り返しがあまりにも長いので、心身を清浄にして純真無垢な霊に戻すことはもうすでに不可能な状態です。ところが輪廻転生から抜け出すことができるという因縁解脱の法『得道』が、実は秘かに伝えられていたのです。

それは四生六道の輪廻の中にあって唯一人間に転生した時、その時に『正法（得道）』に巡り逢うことが適えば、一瞬にして因果を解脱し、そしてこれまでの輪廻の苦しみから逃れて極楽天に帰ることが適います。

霊がこの世で肉体を得るものに人間、動物類、鳥類、魚貝類、虫類などの五生類がありますが、中でも人間だけが唯一天と地に立って生活することができるように創造されています。それは人間に転生した時だけ、悟れば極楽天国に戻ることが許されるからです。

つまり人間の陰部と霊の正門・玄関は地獄の門と極楽の門といった陰陽の関係にあるのです。

天道の『正法』を授かりさえすれば、死後霊は速やかに極楽の門から極楽天へと帰天《きてん》していきます。

これを天道では『末後一着《まつごいっちゃく》』といいますが、他の四類禽類・魚類・虫類は天に背を向けて生きているので「背信」と称して、決して極楽浄土に上ることは許されません。

その姿は、天に背信した結果といわれ、天に背いた象ちですから「九死に一生を得て」再び人間に転生した時に、天道の『正法』に巡り合うことができれば極楽浄土することが適います。

ですから天と地の間に立って生活を営める人間に転生した、その時こそが天の理に適った時ですから、この時期をむざむざ逃してしまうと、この先いつどこで、天道の『正法』に巡り合うことができるかどうか、それは疑問です。

『正法』には時期という授与する期間が限られてあり、それが過ぎれば授かることが不可能となります。

『正法』を授かると、因の口《わく》が一瞬にして解かれ、大《だい》の字が目覚めます。囚人の囚《しゅう》と因縁の因《いん》の違いは人《ひと》と大《だい》との違いですが、その大の文字の構成を見てみると、一と人の組み合わせであることが分かります。

つまり一は、霊なる心を象徴する『一』ですから、極楽浄土に帰ることが適う『一』を持った人が法輪に囚われの身であったと解釈することができます。

『一』を取り戻すことが因縁解脱を果たして輪廻から逃れる唯一の道です。

それは天から与えられた絶対的使命で、それが果たせぬ限り永久に輪廻の中です。

この時機において知ったこの幸運を大事に思い、極楽へ戻る『正法』を速やかに求めて授かることがこの世に人間として生まれた使命、すなわち「運命を全うする」と、ご理解ください。

人は裸で生まれてきて裸で帰って行きますが、その帰る先が輪廻転生する地獄である限り、神は決して喜びはしません。

私達の大日如来様は得道したことを嬉しく思っていますが、大日如来様の場合は私達とは逆で、大が日で、すなわち大が『一』を□《かこ》っている象が日ですから、天地創造神としての象徴でいられる訳です。

すなわち私達は大日の日の□の中に人の身体を借りて、移り住んでいると解釈されます。

つまり日と人を組み合わせると因となり、そこに、因縁因果の世界が誕生したという訳です。

一日も早く因縁の□《かこい》から脱して自由自在に飛び回ることができる心の『一』を解放して、すなわち大なる人に戻るべきです。

神とは

全知全能の親神は、何事においても分け隔てすることなく愛を慈しむ私達霊人の親です。

太陽を大日如来と称して敬うように、大地を母なる大地と呼ぶように、天地は決して分け隔てすることなく、この世の生命を守り続けています。

この世に人よりも優れた力を持つ人達がいます。

人によっては霊能者と呼ばれたり、預言者と云われたり、生き神様とか教祖様と敬われたりしていますが、聖人と称せられた方々が難行苦行してまで極楽浄土に帰する法を求めたように、人間は人間でいる限り、因縁解脱の法を受けて極楽へ戻らない限り、神仏にはになれないのです。

天地創造神・老中様は決して一人の優れ者に神としての能力を与えることはしません。

あくまで平等でもって天地自然の物事を遂行しているので分け隔ては許されないのです。

それは天を父とし、大地を母とした、その謂われを考えてみれば自ら知れることです。

天なる父、母なる大地としたのは、天地自然を人間自らが敬い観れば、誠の神とは如何なるものかが計り知れるという私達への教訓でもあり戒めなのです。

安易に人の言葉に頼ってしまう今日の人々が、形や姿や華やかな色合いに酔いしれるのは自らの霊が汚れているからにほかなりません。実は、本当は、「たましい」以上に美しくきれいなものはこの世には存在しないのです。

神と象徴される太陽をジーッと見つめることができないように、私達のたましいもまた見つめることができない程まばゆいものなのです。

神に近づき、神を知るには自らのたましいの美しさをまず再現することが必要です。

神の使命を遂行する自然は万物の母であり、無為の大道であるといわれます。

その母は、この世の創造の主であり万物を生成化育する源でもあります。

しかし母なる大地は万物を生成化育するものの、その姿を顕《あらわ》すことはありません。

常に無為でもって大きな愛と慈悲を注いで止むことがありません。

この恵みこそ不可思議なる大奇蹟なのです。

物理学者の中でも特に唯物論的であると批評されるアインシュタイン博士はこう言っています。

「我々の経験する最も美しく最も深遠な感情は、
神秘に対する驚嘆である。
それこそ真の科学を起こし育むものである。
この感情を知らぬもの、
もはや不思議だと思うことのできないもの、
畏敬の念に打たれることもできないものは、
死んでいるに等しい。
人間の入り込めないようなことが実際に存在することを知り、
人間の限られた力では最も素朴な形でしかとらえようのない崇高な叡智と、
最もまばゆい美が存在することを悟る。
このような知識とこのような感情こそ、
真の信仰の中心にあるべきものである」

と、また別の機会にアインシュタイン博士はこうも言っています。

「宇宙について宗教的な感動を体験することは最も強くて崇高な科学研究の泉である」とも。

大部分の科学者は宇宙の神秘さ、そのとてつもない力、その起源、その合理性と調和などについて神という言葉を使いたがりません。しかしアインシュタイン博士は無神論者といわれていますが、神という言葉を使うことに決して躊躇しません。

「私の信仰は人間の貧弱な心では僅かに触れることができない、限りなく優れた魂に対する素朴な尊敬から出ている。

計り知れない宇宙のなかにもっと高次の理解力が存在するということを、感動をもって確信していることが、私の神への信仰の元になっている」

と、アインシュタイン博士は言っています。

しかし大部分の科学者が神という存在を認めていながら神を認めたがらないのは、現在最先端の物理学は知覚、想像力、推進力を総動員して研究開発しているにもかかわらず、本当の意味では不可思議な大自然を解明することも理解することも不可能な領域に入ってしまっていて、それを納得させるには精密な数字では到底言い表せない世界であることが分かっているからです。

科学の進歩は人間の認識能力の「明暗《めいあん》（形象）」の部分より、さらに上にあるこの世の始まりの世界「明明（無）」の領域に関しての究明は限界であることを明解にしたからです。

「明明」の世界は時間と空間とが一体となっている別次元の世界であり、私達の宇宙は一体化していた時間と空間が分離して出来た世界「明暗」の世界であるからです。

時間と空間とが一体化している「明明」の世界になるとそれは人知の枠外にあって完全にシャットアウトされていて、ただ宇宙の中のすべてのものは、神の意志なくして創られぬことを証明する理論は、すでに科学者は持っています。それを物理学的に言うと、

『自然の中に観察できる全ての物、
理論的に立証証明される全ての物、
それを包んでいる宇宙が無情にも終末に向かって、
暗黒と崩壊への道を進んでいることを事実示している。

もし、この暗示のまま宇宙が終末へと衰退を続け、
自然の流行がただ一つの方向に進んでいるのだとすれば
当然全てのものに「はじまり」があることになる』

と、先を推測して『はじまり』があったことを認めています。

さらにこれまでの膨大なデータを科学的見地から研鑽すると、発見された手がかりの大部分は、宇宙はある時期に創られたということを暗示しています。

我々の宇宙は一瞬にして創られたのではなく、何時の日か宇宙の過程が始まったのです。星の中の熱核反応によって物質が副射線になる確率から天文学者は星の起源に対し、かなり確かな計算をしています。

今日我々が垣間見る宇宙の星々のほとんどの平均年齢についての異論のない数字は、五十億年だといわれます。

その地質学と天文学によるデータから見て、物理学的見地の宇宙創造論における銀河見解とよく似ています。したがって宇宙が究極的には消滅に向かっているという証拠そのものが、宇宙がはっきりと、決まったある時期に始まったことを示していることになり、結局

は全ての理論は、はじめからすでに、『なにものか』が存在していたことになります。

そしてそれは計り知れない超エネルギーをもって森羅万象万物が共存共栄する多種多様な宇宙が創られたと仮定しているのです。

確実なる証拠、確実なる計算でなければ信じない学者ですら『なにものか』によって、この宇宙は誕生したことを胸のうちに認めているのです。

それ程天地創造した神は高尚で崇高なるものであるにもかかわらず、人間世界では霊界からのメッセージや教祖の語りを、恰も神からのメッセージとするところに科学者の疑問や惑いが生まれるのは当然のことです。

神がこの美しき宇宙を創造した限りには、真理が、道理が伴って当然です。

真理をもって森羅万象万物を創造した以上、神は何も語らぬが道理なのです。

それをひも解くのが神の子である私達人間の努めでもある訳です。

それは決して不可思議なものでもなく、畏れるものでもなく、また偶然の出来事でもありません。それを非常に難しく、さらに理解し難くしているのが人間自身なのです。

「最も素朴な形でしかとらえようのないもの」それが神であり真理なのです。

その素朴なものが、物事の始まりを示す『一』である訳ですが、その天地創造神につながっていく道が自然に、音に、文字に、数に、その「はじまり」の理は収められています。

その最初の「はじまり」を示す『一』を太古の昔、認識し崇拝した文明があります。

皆さんすでに御存じの「ムー大陸」です。これは太古の昔の話ですが、太平洋上にあって、中国大陸とつながっていたとされる「ムー大陸」は、何らかの事情が生じて跡形もなく、太平洋の海底に沈んでしまったとされ「幻のムー大陸」と呼ばれて伝えられていますが、その正式な呼び名は『ラ・ムー大陸』です。

その「ラー」をさらに押し進めると、紀元前四千年にメソポタミヤ南部に侵入した民族シュメール人は、紀元前三千年に都市国家を建設し、太古の文字である形象文字からくさび形文字を工夫してシメル語を用いたと記録されています。そのくさび形文字を解読したところシュメール文明で信仰されていた太陽神の名は『ラー神』と呼ばれていました。

また古代エジプトの太陽神も『ラー』と尊称され、元々エジプトの守護神であったアモンと同一視され、のち『アモン・ラー』と呼ばれて広く崇拝されていたそうです。

以上のように『ラー』の音霊は太古の昔から神として尊称され、時が流れて歴史が繰り返され続けようとも、生命が息づく限り、文明と共に『ラー』なる神は語り継がれ、伝えられています。

チベット仏教は「ラマ教」と呼ばれ『ラ』を尊称しています。

マホメットが創《はじ》めたイスラム教も、唯一の最高神『アラー』を信奉しています。

五大宗教の一つである仏教では、お釈迦様や観音様は『阿弥陀菩薩《あみだぼさつ》』を極楽浄土の神仏とし、この世の最高神として信奉していますが、『阿弥』の『あ』は五十音の最初の音です。

また密教では『大日如来』を太陽神として信奉しています。

神の国とされるところの日本では太陽神を日の神と称し『天照大神《あまてらすおおみかみ》』と尊称し、伊勢の皇大神宮（内宮）に祀っていますが、神道では天地開闢の神として、天の中央に座して宇宙を主宰した宇宙造化の神を『天御中主神《あまのみなかぬしのみこと》』と尊称しています。日本でもア行の音霊が天地創造神の尊名の頭に付されています。しかしキリスト教では天地創造神を『エホバ』と尊称しています。

これについてはキリスト教の流れを辿ねばなりません。簡略に解釈すれば、イエスが誕生したのはユダヤという国で、その宗教はユダヤ教と云いますが、ユダヤ国民が崇拝した神の御名が『ヤハウエイ』と尊称され、万物の創造主であり、宇宙の統治者とされるところから上帝、天帝として信奉されています。キリスト教の『エホバ』は、『ヤハウエイ』の別称で、今はユダヤという国はなくイスラエルと云われ、やはり『ヤハウエイ』を崇拝しています。またキリスト教の『アーメン』はイスラム教の『アラー』を意味していると言われています。

それに陰陽学「易」の国、漢字の国、中国では〓《ラウム》の文字が秘密事に伝えられてきています。つまり紀元前四千年以前とされる二里頭文化の遺跡に見られる〓《ラウム》の『心法』は、長い歴史を経て老子様の道教に引き継がれます。（〓《ラウム》・天道シリーズ〈1〉の45～46頁参照）

老子様はその教えを「道」として孔子様に授けました。

孔子様は老子様の「道」の教えを「一貫道」と名づけ、一弟子から一弟子へと秘密事に伝えました（このような伝法のことを「単伝《たんでん》」といいます）。

そのように〓《ラーム》様の真伝《しんでん》『心法』は道教から儒教へと伝わりますが、孟子以後聖者無く中断してしまいます。そして長い年月の中断の後、お釈迦様が生誕なさって再び道は伝わることになりますが、お釈迦様に『心法』を授けたお方は燃燈古仏《ねんとうこぶつ》と称されるお方です。

お釈迦様は大弟子・迦葉尊者《かしょうそんじゃ》に『心法』を『正法』として伝えました。以後迦葉尊者《かしょうそんじゃ》から数えて二十八代目の達磨大師へと単伝は続き、達磨大師はその真伝を再び中国に戻しました。中国では達磨大師から数えて十八代目・張光璧《ちょうこうへき》（天然古仏《てんねんこぶつ》）をもって五千年の道統は終わりを告げる訳ですが、張光璧様は「一貫道」を「天道」と改め以後天の道に縁ある方々に天道の三宝、つまり『得道』と称し『正法』を授けています。

聖人が追い求めた『悟り』

無の境地になることによって『悟り』は開かれるとする信仰は仏教そのものといってよく、今なお、それは追い求められています。またそれが天を知り地を知る上の実相でもあり、宗教としての智慧でもある訳ですから、無を悟るには最も不可欠なものといえます。つまり「無を悟れ！」という意味は、この世に執着してはいけない、実際に人間として求めるべきものは色欲界の外、つまり「無」にあるという教えでもあるのです。

無は無量寿、無量光といわれる光明にして、無限大に無尽蔵にパワーを放出して限りなく、その働きは天の理を通して大宇宙を統括し、森羅万象万物を生成化育し続けています。

人間道の究極とされる悟りの真諦《しんてい》（誠の道理）を明らかにし、真実変わることのない「真如《しんによ》」を得るということは、「無を悟る」という意味となります。

すなわち無我の状態になり、雑念を去り、真理を悟れということですが、無の境地は「行」によって修得することができるといった生易しいものではありません。

悟りを得たその霊は、不生不滅の中にあって永遠の霊明《れいめい》を保ち、永遠に存在し続けることができるようにならなければならないからです。

その真如、つまり悟りの神髄は悟りの文字に託されています。

その悟の文字は忄《リッシンベン》と五《ご》と口《くち》との三つの組み合わせから出来ています。

悟の忄は心を示し、字が字画の左に来た場合リッシンベン（立心偏）と称し、心が左や右に揺れ動かないようにしっかりとまっすぐに立っている姿を表しています。

忄は人心における真中、正中、中央を意味するもので、その姿は心がまっすぐに立ち中《ちゅう》を得ているので中庸《ちゅうよう》（かたよらず常にかわらないこと）を意味し、さらに忄の左右にある ハ は心に知・情・意を生じさせるところの意識の根本、陽の気と陰の気を象徴しています。

次に悟りの口は東西南北の四方と東北・東南・西南・西北の四隅、すなわち四方八方を。意味し、私達の大宇宙の枠、つまり法の輪を意味しています。

以上から忄と口とを合わせて解釈すれば、上下四方八方に立つ心となります。

そこで残る五が重要な意味合いを持ってくる訳ですが、ここでは金剛曼陀羅図と易における後天の八卦盤すなわち九星盤を見ていただき、五の意味するところを理解していただかなくてはなりません。

五は悟りの文字の右下の口すなわち宇宙の枠の上に鎮座していますが、真言密教で言えば五仏の五に当たり、それは金剛曼陀羅の五仏の意識が一つになることが「悟り」であるとされるからです。また易の後天八卦盤、九星盤に見る五は五黄土星に当たり、易では宇宙の中心である「大極の一点・⊙」を意味します。

金剛曼陀羅

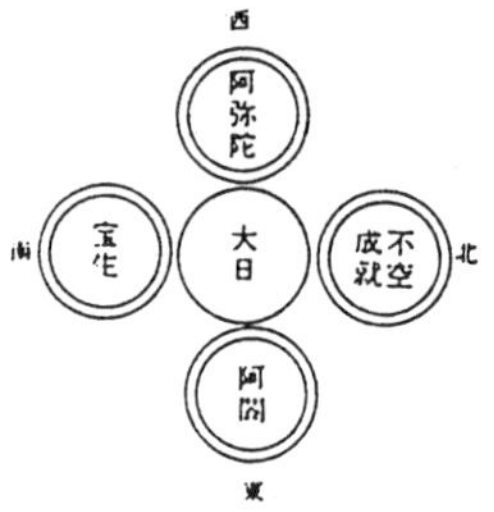

文王八卦図（後天）

九星気学盤

そのようなことから口と宇宙の中心の一点を意味する五を一つに組み合わせれば⊡となります。そしてその⊡に忄《リッシンベン》を五の位置である中心に立てれば、中《ラウム》の文字が浮かび上がってきます。つまり⊡＋忄＝中です。

中《ラウム》様は天地創造の神様であり、この世における悟りですから悟の文字の元の字は中様であった訳です。

聖人賢人がかつて人間であった時、悟りの道を求めて難行苦行を重ねながら生命の神秘を探り出し、そしてその結果、中の世界・極楽浄土が存在することを悟ったという訳です。生命の神秘、その究極をめざして必死に追い求めた悟りの真諦、菩提《ぼだい》（悟り）は、実は中様だったのです。

道を求める我々の霊性は、我々の肉体に存在する『霊の正門（チャクラ）』をもって、中様の大霊に通じているので、天道の『正法』を得て「霊の正門・玄関」を開けば、私達の霊性と中様の間を塞いでいた道が開け、この一生が終えれば一瞬にして極楽浄土に帰ることが適います。

つまり身体にひそむ人間の『一』と天の『一』とが道によってつながるという訳です。天は無言にして宇宙に道理をめぐらせ、無情にして原因結果の因果律を森羅万象万物に果せています。

私達人類も宇宙の一員である限り、その因果律から逃れるすべは天の慈悲である老中様の『得道』しかありません。それ故の『道』の公表でもある訳です。

天道・道統紀《どうとうき》〔天道の歴史・文献〕

道統とは、中様が世に下された悟りを開く法、つまり天命の『三宝』を道として継承し、そして伝えていくその流れをいいます。

三皇《さんこう》・五帝《ごてい》の時代を上古《じょうこ》と称し、時の人王・伏羲皇《ふくぎこう》に人として初めて天命の『三宝』が授けられました。

伏羲皇《ふくぎこう》は苦心して八卦《はっけ》を完成し、万古不易《まんこふえき》の宇宙易理《えきり》を明らかにした功績により天命を拝受され、そしてその伏羲皇《ふくぎこう》から神徳を備えた神農《しんのう》・黄帝《こうてい》の二皇《にこう》に伝えられました。以上の三皇《さんこう》に続いて小昊《しょうこう》・顓頊《せんぎょく》・帝嚳《ていこく》・堯《ぎょう》・舜《しゅん》の五帝君が天命の『三宝』を受け継いで天子となられました。

五帝君は天の意思を継承して民の模範となり、民を導いて国を平和に繁栄させたと伝えられております。

堯帝《ぎょうてい》は道統を伝授するに当たって舜に、「允執厥中」（允《まこと》にその中を執《と》り守って失うな）と、天命の『三宝』を授け、命《めい》と位《くらい》を共に舜に譲りました。

その後、舜《しゅん》が禹《う》に位を譲り伝える時にはさらに上三句を付け加えて、天命の『三宝』を、『心宝《しんぽう》』と名称を変えて授けました。

その折の道統伝授の様子が書経《しょきょう》の大禹謨《だいうぼ》に「十六字の心宝」として記述されています。

「人心惟危」……………人心これあやうし、

「道心惟微」……………道心これわずかなり

「惟精惟一」……………これ精これ一なり

と上三句を付け加えて、そして

「允執厥中」……………誠そのなかをとれ

以上の十六文字が書経の大禹謨に記述されている「十六字の心宝」であります。

解釈しますと、

人の心は肉体があるが為に物欲に迷って邪道と邪念におちいる危険があります。したがって人が本来備えている道義《どうぎ》の心は物欲におおわれて微になりがちであるので何事も明らかにし難い、それ故に人心《じんしん》と道心《どうしん》との区別を精密に考察して、肉体の欲から生ずる人心を常に道心に交えず、道義の心の正しきをひたすらに執《と》り守って失わないようにし、道心が常に主となり、人心はその命のみを聴くようにしなければならない。

「厥中《そのなか》」とは、人間至極《しきょく》の中心、至善処《しぜん》であり、悟りの究極であります。

「執《とる》」とは、心宝伝授の折、点破《てんぱ》された玄妙関《げんみょうかん》・霊の正門を固く守り保ってかたよらず、常にかわらず、均衡を失わないようにということで中庸《ちゅうよう》の大道を意味します。

つまり心を陰にも陽にも一方的に傾かせることなく中庸を保っていけということになります。

堯舜《ぎょうしゅん》の帝王から禅譲《ぜんじょう》（聖徳の高い人に引き継ぐ）されてきた道統は禹帝《うてい》から湯王《とうおう》そして文王《ぶんおう》に、文王をから武王《ぶおう》・周公《しゅうこう》へと道を伝えられましたが、周公の代で君王天命継承《くんおうてんめいけいしょう》が終わり、門下や大夫《だいふ》が天命の道を伝える時代となります。

したがいこの後、天命は聖人を選び、『心法』は『道』として継承していくことになります。

最初に拝受された聖人が道教の祖・老子《ろうし》様です。

中《ラウム》様の尊名は道教において「天地成育《てんちせいいく》の母《はは》」として尊称崇拝《そんしょうすうはい》されることになります。
そして天の機密《きみつ》『三宝』は道教の老子様から儒教の孔子ように引き継がれます。孔子様は『三宝』を伝授された時「朝《あした》に道《みち》を聞《き》けば夕《ゆうべ》に死《し》すとも可《か》なり」と、感激のあまりに声を出して喜びを表したそうです。

つまり「聞ば」とは「得た」ということですが、ここに、中様の『天命』は儒教の祖・孔子様に伝わり、その儒教において中様は「明明上帝《みんみんさんてい》」として尊称崇拝されることになります。

その後、孔子様は弟子三千名の中から厳選《げんせん》して曾子《そうし》様を選び、天命を授けました。

その折孔子様は、曾子様に「参《さん》よ。吾《わ》が道《みち》は一《いち》、これをもって貫《つらぬ》く」と言われたそうです。

この孔子様の言葉から一貫《いっかん》という名称が初めて経典に載り、以後『一貫道《いっかんどう》の三宝』として、道統は継承されていきます。

曾子様は子思《しし》様に伝え、子思様は孟子《もうし》様に引き継ぎますが、その後、孟子様は、「儒門《じゅもん》はおそらく以後、孔子様の道を得ることは困難だろう」と言われ、『一貫道の三宝』は、それ以後継承できる神徳を備えた聖人が現れることなく、その後『三宝』が中断して聖者の奥義が伝えられなくなりました。

中国の地で中絶した『三宝』は一旦は隠れましたが、道はお釈迦様がインドに生誕して後、燃燈古佛がお釈迦ように『三宝』を授け、そして再び道は世に現れることとなります。


中様の天命は時運に応じて仏教の祖・釈迦様に伝わりましたが、仏教においては極楽浄土の仏として、中様は「阿弥陀仏」として尊称され崇拝されます。

インドではお釈迦様から西天第一代祖として迦葉尊者《かしょうそんじゃ》が『正法』を授けられました。

この時より道統は『正法』と名称を変えて引き継がれることになります。

釈尊より迦葉尊者に『正法』を伝授した時のことを「伝燈録《でんとうろく》一一の無門関《むもんかん》」に、

「仏《ぶつ》は諸々の大弟子に告ぐ。迦葉《かしょう》、来《きた》りし時に『正法眼蔵《しょうほうげんぞう》』を宣揚《せんよう》せしむべし。

吾に正法眼蔵あり。涅槃妙心《ねはんみょうしん》・実相非相《じっそうひそう》・微妙法門《びみょうほうもん》・教外別伝《きょうげべつでん》・不立文字《ふりゅうもんじ》・以心伝心《いしんでんしん》迦葉に付嘱《ふしょく》す」

と記述されています。
この伝授の時の様子が有名な「蓮華微笑《れんげみしょう》」の伝えです。つまり、
釈迦がかつて霊山会上《れいざんかいじょう》にて説法の時、梵天《ぼんてん》が来てうやうやしく沙羅華《しゃらか》を献じた。
釈迦、その蓮華《れんげ》を取り華《はな》を手でひねって比丘《びく》達に示したが皆、その意を解せられず
ただ独り迦葉のみ此をみて微笑をする。
それを見て！　釈迦、吾《わ》が意《い》を得《え》、
「吾《われ》に正法《しょうほう》【玄関の一竅《いっきょう》】あり、涅槃妙心《ねはんみょうしん》［不生不死《ふしょうふし》］の実相《じっそう》は眼蔵《げんぞう》にして、
無相《むそう》の法門《ほうもん》は微妙《びみょう》なり、正法《しょうほう》は教外《きょうげ》に別伝《べつでん》あり、文字《もじ》をもって伝《つた》えず、
これを摩訶迦葉《まかかよう》に伝《つた》える」
と云われ、一般に普伝《ふでん》している言語の教えの外に『正法眼蔵《しょうほうげんぞう》』の秘密蔵《ひみつぞう》を以心伝心《いしんでんしん》でもって密《ひそ》かに大弟子、迦葉に伝授されました。
『正法』は単伝独授《たんでんどくじゅ》ですから一人から一人へ以心伝心の法をもって伝えられ、決して表に漏れることはありません。

迦葉尊者は阿難尊者《あなんそんじゃ》に伝え、次に商那阿修《しょうなあしゅう》尊者が受け、次に商那阿修から二十八代まで独授《どくじゅ》のまま受け継がれました。

以後の祖師の尊名（敬称を略します）を順に列記しますと、

商那阿修《しょうなあしゅう》・優婆毱多《うばきくた》・提多迦《だいだっか》・弥遮迦《みしゃか》・婆須密《ばすみつ》・仏陀難提《ぶつだなんだ》・伏駄密多《ふくだみった》・脇《きょう》・富那夜《ふなや》奢《しゃ》・馬鳴《めみょう》・迦毘摩羅《かびまら》・龍樹《りゅうじゅ》・迦那提婆《かなだいば》・羅侯羅多《らごらた》・僧伽難提《そかなんだい》・迦耶舎多《かやしゃた》・鳩摩羅多《くまらた》・闍《じゃ》夜多《やた》・婆修盤頭《ばすばんず》・摩拏羅《まぬら》・鶴弥那《かくろくな》・師子《しし》・婆舎斯多《ばしゃすた》・不如密多《ふにょみった》・般若多羅《はんにゃたら》から菩提達磨《ぼだいだるま》となります。

天命ある『正法』を伝授する時はすべて不立文字《ふりゅうもんじ》で経典は使用されません。

文字に現れた法はすでに実体から離れている故に不立文字の法を『無字真経《むじしんきょう》』とも言います。

今の宗教は衣鉢《えはつ》をもって継いでいますが、これは像法《ぞうほう》・末法《まつほう》の末流《まつりゅう》になって形式的に受け継がれているものです。

『正法』は以心伝心であり、明師《めいし》（点伝師）の面授《めんじゅ》が必要です。

経典、仏典、聖書に『正法』を探しても労するだけで見当たりません。

西天第二十七代祖の菩提達磨をもってインドでの道統は終わり、菩提達磨は、中様の天命を携えて仏教と共に中国に渡りました。

六世紀前半、菩提達磨によって道は再び中国に戻り、そして菩提達磨は中国の地で禅宗を起こし東土初代となります。

その教えは、仏教の真髄は坐禅にあり、坐禅によって体得して悟れとされました。

つまり坐禅をもって教外別伝・不立文字・直指人心《じきしじんしん》・見性成仏《けんしょうじょうぶつ》が得られると示唆《しさ》して、道を奨励したのです。

中様は禅宗の祖・菩提達磨の時代に入り「ラマ」と尊称されて伝わります。

菩提達磨の禅宗になってからも『正法』は以心伝心であり、依然一脈相伝《いぜんいちみゃくそうでん》で漏《も》れることはありませんでした。

禅宗においては世襲で、衣鉢《えはつ》をもって継いでいきますが、
中様の天命・道統は祖脈《そみゃく》として伝授されていきます。

二世は神光《しんこう》（慧可《えか》）二祖に引き継がれ、三世は僧璨《そうさん》三祖・四世は道信《どうしん》四祖・五世は弘忍《ぐにん》五祖に至って、その門下二派に分かれますが道統は六世慧能六祖に引き継がれました。

慧能六祖《えのうろくそ》は文字を知りませんが智慧は最も聡明でありました。

当時門下二派に分かれた理由は定かではありませんが、弘忍五祖が晩年道統を継ぐ器量

の弟子を選ぶ折の話が「天道論義《ろんぎ》」の中に記されています。

弘忍五祖が、ある日弟子門人集め

「世人にとって生死のことほど、重大なことはない。

汝等の終日を見るにただ目前か来世の福しか求めず、生死の苦海から永久の離脱を求めようとしない。己《おのれ》の本性が迷ってしまえば如何なる福もあり得ない。

正法は解明し難いものである。汝らはいたずらに私の言葉を記し、修持《しゅうじ》して任《にん》が終わったと思ってはならない。

今汝らは各自の智慧《ちえ》を観《み》、意《い》のままに本性般若《ほんしょうはんにゃ》の実相《じっそう》を偈《げ》に記《き》してみよ。

もし語意《ごい》が私の心法《しんぽう》に符合《ふごう》するところがあれば衣鉢《えはつ》を付《ふ》そう」

といわれ、弟子たちの修業の深さを試されました。

時に門下高僧、七百余名の中の上座、神秀《しんしゅう》は学問内外に通じ、衆の敬仰《けいご》の的になっていました。この人でなければ誰も当たる人はないだろうと、大衆のほめる声を密かに聞いた神秀は、夜中に起きて壁に一偈《いちげ》を書き留めました。

それはすなわち
「身《み》は是《こ》れ菩提樹《ぼだいじゅ》、心《しん》は明鏡台《めいきょうだい》の如《ごと》し。時々《じじ》に勤《つと》めて払拭《ふしょく》し、塵埃《じんあい》をして惹《ひ》からしむることなかれ」と書かれていました。

五祖はきっと神秀の作であろうと思いましたが、賞賛はしても法嗣《ほうじ》として付法《ふほう》をする気にはなりませんでした。

自己の身体を樹になぞらえたり、心を鏡台に比喩《ひゆ》したりして二六時中掃除や打座《だざ》をすれば心身の汚れを清められる意味でしょうが、真如《しんにょ》の本性《ほんせい》を観るに至らないことを指摘しました。ところが入門八カ月にしかならない無学者で文字を知らぬが、智恵は最も聡明な田舎者の慧能が、これを聞いて即座に口でもってこう答えられました。

「菩提《ぼだい》、本《もと》、樹《き》に非《あら》ず、心鏡《しんきょう》もまた台《だい》に非《あら》ず。本来無一物《ほんらいむいちぶつ》、何《なん》ぞ塵埃《じんあい》を払《はら》うことあらん」

五祖は大いに驚き、慧能の見性《けんしょう》を知り、夜中密かに部屋に召し、無上微妙《むじょうびみょう》の秘密、円明《えんめい》真実《しんじつ》の『正法眼蔵』と法宝《ほうとう》を授けました。

五世弘忍《ぐにん》が慧能に『正法』を授けたのは、神秀は客体的に自分の心身を台とか樹とかの形象に結びつけて漸修漸悟《ぜんしゅうぜんご》の段階を歩んでいましたが、慧能はそれ以上に深く、無為を主体にして無想無念、無一物境界《むいちぶつきょうかい》に自己を融合《ゆうごう》させておられたからです。慧能は五世弘《ぐ》忍《にん》の五祖から禅宗六世を継ぎ、さらに祖脈《そみゃく》を継《つ》いで六代祖になられましたが、当時の仏教界の頽廃《たいはい》を嘆き『正法』を儒者《じゅしゃ》の白祖《はくそ》・馬祖《ばそ》の二方に伝えられました。

その時、かような偈《げ》を白・馬祖に遺《のこ》されました。

「釈迦《しゃか》、我《われ》より宗風《しゅうふう》を絶《た》つ、儒家《じゅか》我《わ》れを得《え》て万法《まんぽう》に通《つう》ず。
日後三期《にちごさんき》に普渡《ふど》が開《ひら》かれ、誠心誠意《せいしんせいい》、中庸《ちゅうよう》に合《がっ》す」と、

仏教においての継承《けいしょう》が終わったことを明らかに証明されています。

孟子《もうし》様から仏教に移った天命は、約九百五十年を経て再びと儒聖《じゅせい》に伝わった訳であります。これを「道が火宅《かたく》に伝わる」といいます。

火宅とは煩悩《ぼんのう》と苦悩が常に入り乱れてある、葛藤する家族という意味です。

つまりこれまでの祖師《そし》は出家した仏門の僧職であるのに比べて、白・馬祖以降は普通の家に住む人の中から道脈《どうみゃく》の祖師《そし》が出現することになったのです。

慧能《えのう》六祖は『道』を私《わたくし》せず、天命の運びの然《しか》らしめるままに付法随一《ふほうずいいち》の資格者白《はく》・馬祖《ばそ》両名七祖にすべてを托《たく》されました。

七代祖としての白・馬祖から道脈は儒聖《じゅせい》に戻り、祖脈《そみゃく》は世代が進むにつれて世の荒廃と共に困難、苦難に遭遇しながらも祖代を重ねて、八代羅祖《らそ》・九代黄祖《こうそ》・十代呉祖《ごそ》・十一代何祖《かそ》・十二代袁祖《えんそ》・十三代徐《じょ》・楊祖《ようそ》へ、さらに天命の道統は十四代祖として山西《さんせい》の姚祖《ようそ》に継がれました。

時は癸卯年（一八四三）始めて、中《ラウム》神の御命《おんめい》によって砂文字《すなもじ》による天人《てんじん》の連絡が許され、その折に道教・儒教・仏教においての、各々の尊称を神自ら、老中《ラウム》と名乗られ、尊称統一を指示されました。

その後も砂文字による天人の連絡は御聖訓《ごせいくん》として降ろされましたが、一般には程遠いものでしたが祖代はとぎれなく十四代姚祖《ようそ》の後を継いで、十五代王祖《おうそ》・十六代劉祖《りゅうそ》・十七代路祖《ろそ》へと道統は祖脈を重ねてきました。

十七代路祖《ろそ》の時になって庶民に『道』が降ろされたのを機に、砂文字による御神示が公にされました。それは今から僅か百年余り前に過ぎません。

道の天機《てんき》、道統は東土十七代・路祖が一九二五年の御逝世《ごせいきょ》と同時に、東土十八代目、張光壁《ちょうこうへき》（天然弓長祖《てんねんゆみながそ》）に天命が引き継がれ今日に至っております。

東土十八代目、張光壁（天然弓長祖）が易の祖・伏義氏《ふくぎし》より数えて六十四代目となり、易、六十四卦の数と一致して人道における道統の継承はもう跡《あと》はなく、天然弓長祖をもって終わり告げることになります。

張光壁（天然弓長祖）は『正法』すなわち「一貫道の秘伝・三宝」を天道の三宝『得道《とくどう》』

と名づけて万民救霊のため、『道』を普伝《ふでん》することを告げて今日に至っています。

（真理先得編・終了）

以上これにて『得道』以後における先得後修《せんとくこうしゅう》の研鑽を終わりますが、『得道』以後天道では、老子様の言葉である「吾れ聖人にあらず学びて知る」に習い、天道では道の理を学ぶことが奨《すす》められています。

そのようなことから続『天道シリーズ〈3〉』において「先得後修《せんとくこうしゅう》・道理編《どうりへん》」に入っていく訳ですが、真理も道理も同様に、その教えは奥深く深遠《しんえん》ですから、修得することは聖人ですら難しいといわれます。

真理編も道理編も、その要点の一部分をかいつまんでお話をしているに過ぎません。

その点を重々御承知ください。

続きまして『天道シリーズ〈1〉』で載せています「人生明解編」に入ります。
『得道』を授かった方々の「お便り」をもとにして天道の流儀でもってお話を続けていきたいと思います。そして最後の編に、天道を少しでも御理解いただく為に「マンガ」形式でもって天道を御紹介致したく掲載致しました。

先得後修・真理編を終えます。

人《じん》生《せい》明《めい》解《かい》編《へん》

★人生明解［第一章］～［第二十三章］は「天道シリーズ〈1〉人生をひらく秘密の宝もの」をお読み下さい。

人《じん》生《せい》明《めい》解《かい》

第二十三章

☆　お便り

はじめまして、東京の田中と申します。

中山様より連絡のことと思いますが、私は縁あって九州の光本様のところで『得道』しましたが、それ以後何も分からずに過ごしてきました。

最近、なぜか天道が気になって少し勉強したくなりました。

私は光本様のグループとして天道日本総会が、水とか護摩木《ごまき》などをやっていないと聞きました。

同じ天道でありながら天道山弥勒寺と天道日本総会との違いなどをお教え頂ければ有難いです（いつごろ分かれたのかとか日々やることの違いなど）。

誠に失礼とは思いますが、どうぞ宜しくお願い致します。

道標
うちに向かって自己の本性《ほんせい》を照らせ

これは大変なお尋ねで、実のところ私は後学でありますから、どのように答えればいいのか返答に困ってしまいます。

しかしこれは由々《ゆゆ》しき問題で、天道に縁を深めるにつれて必ず関わってくる問題だと思います。

質問としてお手紙をいただいた以上、これに答えなければなりませんが、一応お断り致しておきますが、これは私心としてお聞きください。

確かに天道においては幾つかのグループがありますが、天人合一《てんじんごういつ》を司る上においては、これは不可欠といってよく、天道の伝道には欠かせません。さらには天壇名を賜《たまわ》ったり、臨時点伝師《りんじてんでんし》を拝命《はいめい》したりする上で、その重責《じゅうせき》を担《にな》う前人《ぜんじん》あるいは領導《りょうどう》がいて当然でありますが、ただ問題は神仏との連絡、そして道の指導だけでは収まらないところに問題があります。

グループ同士が互いに正統性《せいとうせい》を主張して、そして仲良くせず疎遠《そえん》となっていることや、またグループを維持するためのある種の行事を行ったりしているところもありますが、それも伝道の為となればなんとも言いようがありません。

しかしいろいろと批評《ひひょう》したり、その内容などを語ること自体が天道ではありません。

あっちはどうの、こっちはどうのと推量《すいりょう》する人程、いざとなると道に疎《おろそ》かになって最後まで『道』をやり抜くことがないからです。まずは自己の充実が大切です。

この世は陰陽の世界、つまり朝あれば夕あり、上あれば下あるが如く天道においても善あれば悪ありで、その善悪が駄目だと謂う訳ではありません。

どのようなところにも必ず『道』があるからです。

神《ラウム》は僅《わず》かでもそこに善《ぜん》があれば、それを育て導きます。

悪がなければ善は育ちませんから。

ですから御仏が座す蓮《はす》の華《はな》は泥中にしか咲かないのです。

『道』は決して場所や人を選びません。

いずれにいても、その心掛け次第で『道』は行ずることができます。

場所や人を選んでの行は、枠《わく》は小さく偏《かたよ》りが往々にしてあります。

あくまでも神《ラウム》と自分、自分と神、さらに祖師恩師《そしおんし》と自分、自分と祖師恩師でなければなりません。場所や人を選んでの行《ぎょう》はそこから逃れられなくなったり、そこが最高だ、あるいはその人物が最高だと信じてしまって、誠の信仰がグループ本意の、或は人間本意の過った信仰になる恐れがあります。何を為すにも善悪を見極めるところの知識がなければ何をしても無駄に終わってしまいます。外に向かってものを逐《お》う心の働きを方向転換して、うちに向かって自己の本性《ほんせい》を照らし出す悟道《ごどう》とすべきです。

天地自然の教え　その一

『得道《とくどう》』の後《のち》は「後修《こうしゅう》」が大事

聖凡《せいぼん》と謂う言葉があります。
凡に明け暮れる人は利害損得を重視し、名利に憧《あこが》れを抱きます。
逆に聖に重きを置く人は煩《わずら》いから遠離《えんり》することを心掛けます。
そうすると身体全体が自然に一切の束縛《そくばく》から解放されて、本来の面目が顕《あら》われます。今関《かか》わっている物事を一旦中止して、善も悪も考えず、あれこれ思うことも停止して、一切を無にしなさい。そうしないと道を得ても道の神髄はなかなか悟れません。

天道は確かにこの世においては、最も崇高な『道』です。

その道を得た者としての「後修」が如何なるものか、それが実は天道を信仰する者にとっては一番大事なことなのです。

いにしえの天道は「先修後得《せんしゅうこうとく》」、つまり道を得るための厳しい修行が為されてなおかつ、神の御意《ぎょい》が頂《いただ》けなければ『得道』は授かることができませんでした。

その名残が禅宗における「正法眼蔵《しょうほうげんぞう》」の教えの中にあります。

つまり「坐禅を一心不乱に日々努め、そして悟りを求め続けても、誠の涅槃は証《さとり》することはできない。だがしかしそうする毎《たび》に、幾度も輪廻（生死）を繰り返しながら一歩一歩涅槃《ねはん》に近づくのだ」と謂われます。

涅槃つまり彼岸《ひがん》へは世間で言われるように、そう簡単にはたどり着けないことが分かっているからこそ毎日毎日只管打坐《しかんだざ》（坐禅）するのです。

「ただひたすら坐禅して自己の全体をむち打って一丸と為す。

その間に吾我《ごが》を離れ、心身を放下《ほうげ》して仏《ほとけ》の大海《たいかい》に入る。

道はただ坐禅より外はない。坐禅を通じてのみ解脱《げだつ》は得られる。

それがすなわち只管打坐《しかんだざ》である。

だからひたすら坐禅し、坐禅し抜いて行かねばならない」

このように道を指導する禅宗と比べて天道は、あまりにも生易《なまやさ》しい『道』とは思いませんか。

天道は「先得後修《せんとくこうしゅう》」つまり宗教宗派の教えとは逆です。

『道』を得て為すことは「後修」、さすれば禅宗の教えが天道においては「後修」と見做《みな》していい訳です。

それは達磨大師《だるまたいし》より六祖慧能祖《えのうそ》までの禅宗の祖師《そし》は、天道における祖師でもあるからですが、ただ「悟りの道」に関しては隠された天の秘密儀《ひみつぎ》でありますから、悟りを開くには『正法』なる『法』があるということを決して漏らすことができないことから、それを悟らせる道として坐禅、只管打坐《しかんだざ》などの行が奨励されたのです。

禅宗のその坐禅には天道での「後修」の導きが有り余るほどあります。

『道』を得て、まず修めるべきことは何かと考えれば、グループのことをとやかく謂うよりも、『道』に携《たずさ》わってみて、そして見識《けんしき》を広げることの方がより重要です。

学問においても、信仰においても、よき師を選ぶことは勿論大事ですが、それには道を見分けるところの知識、学識が何よりも必要です。

道を学べば学ぶ程に、あなたの面目《めんもく》と進むべき道が見えてくることでしょう。

天地自然の教え　その二

此《こ》の道を能《よ》くする者は

信仰するその真《まこと》の意味を大方の人は知りません。「信ずれば救われる」とキリスト教ではそう言われますが、「信」は仁《じん》、義《ぎ》、礼《れい》、智《ち》、信《しん》の五常《ごじょう》の一つです。

図のように円の中心に位置します。

五常は人の常に守るべき道です。

「信」が中心に位置していると謂うことは「心中に信を抱くこと」つまり『道』を得ることを意味しています。

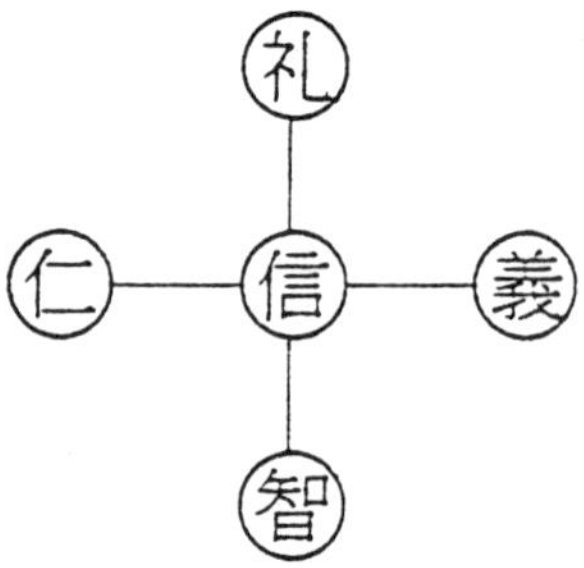

『信』を得ることは
中を得ること、
即ち悟りを得る
『得道』なり！

天地自然の中にいて明日を煩《わずら》う日々なれば、生命あるものはその存続を為さないでしょう。明日も明後日《あさって》も天地自然の恵みを受けて溌剌《はつらつ》と精気《せいき》を漲《みなぎ》らせられると、信じられるからこそ今日もあり明日もあるのです。それが天の恵みである訳です。

その恵みをすべてに運ぶのが『道』ですが、真の天の恵み「幸せ」を実際に感ずることができる者は少なく、ただ『道』を得た者だけです。

道の字の首は「はじめ」とも読むように、道の根源、極楽が暗示されているからです。

その『道』を求めようとして、求めることができない多くの人々がいます。

幸いを感ずることができる幸せを、『道』を得ても感ずることができない人も多くいます。

実感が中々現れないのは、長い人間の歴史の中に秘密儀《ひみつぎ》として『道』は隠《かく》されて今日迄伝えられてきた後遺症《こういしょう》とも言えます。

しかし長い歴史の中に培われてきた心の遍歴《へんれき》が怠《おこた》ることなく『道』を追い求めての旅路であったならば、自然と導かれて『得道』を授かり、そしてその『道』を得た喜びを人々に伝えていくことに心躍らせるはずです。

『道』は無限《むげん》、無量《むりょう》に満ちていますから、感じて大きく用いる時はその使い方は大きく、感ずることが少なければ、使い方は少ないのです。

『道』を得た限りはそれ相応に対処して、力一杯の生き方をすればいいのです。

生きている限り絶対の修道があり、その実証があり、そこに生命の連続した喜びがあります。

他の人の道の喜びを知ってから自分の道を進もうとする限りは『道』の神髄は得られないでしょう。ですから天道では『得道』を授かった後は各自自由にして修道すればいいと奨《すす》めています。

自分の道が自分のものになれば、日々の生活が充実した喜びに包まれるからです。

日常の生活が自分のものになれば、人生の歩みと共に『道』は真実の顕われとなります。

このように『道』を得て、『道』を修道し、実証するに当たっては『道』に通じることが大事です。中庸《ちゅうよう》の中に、

人一《ひとひと》たびして之《こ》れを能《よ》くすれば、己之《おのれこ》れを百《ひゃく》たびす。

人十《ひとじゅう》たびして之《こ》れを能《よ》くすれば、己之《おのれこ》れを千《せん》たびす。

果《はた》して此《こ》の道《みち》を能《よ》くすれば、愚《おろか》と雖《いえど》も必ず明らかに、柔《じゅう》と雖《いえど》も必ず強し。

とあります。

「人が一度やってできることを自分は十遍《ぺん》やっても百遍やっても人に負けないようにしたいと思って努力する。それでなければ決して熟達《じゅくたつ》しない。

人が一度やったことを自分も一度やって見てできないから、これは自分には到底できないと思って棄《す》ててしまうというようなことではいけない。人の百倍も努力して、人にできるだけのことは必ずしようという熱心さがなければならない。

また人が十遍やってできることならば、自分は百たびしても千たびやっても、必ずこれを成就《じょうじゅ》しようという気迫《きはく》、熱心さがなければならない。

どこ迄も熱心に、どこ迄も努力を重ねて行けば必ずできます。

「此《こ》の道《みち》を能《よ》くする」此のような心持ちで行けば初めは愚《おろ》かであっても、必ず智慧《ちえ》の明らかな者になるし、初めは『柔《じゅう》』というのは力の足らぬことで、力の足らぬような者であっても、必ず強くなり、大きな力量を具《そな》えて道の為に尽くすことができます。

ただ努力と熱心が肝要です」

以上のようなことが言われています。

これは如何《いか》にも『道』を学ぶ人の心得としては尊い教訓であります。

学ぶというのは何も書物を読んで、学識を蓄えることばかりを言うのではありません。政治を執《と》る人は政治を学ばなければなりませんし、商売をする人は商売の道を学ばなければなりません。

すべてものを学んで、己を進歩せしめていく為にはこの位の熱心さがなければなりません。

天は決して『道』を惜《お》しんで与えないのではないのです。常に与えようとしているのですが、人がそれを手に入れようとはしないのです。

世間で言う言葉に「私は黄金《おうごん》を売っているのに人々が黄金を手に入れないのは、人が買わないからだ」というのがあります。『得道』もこれと同じです。

銘々誰もが、求めれば『道』を得ることができるのです。

ただひたすら努力して幸せへの『道』を探《さが》し求めているか、人生などどうでもいいと投《な》げやりになっているかによって、『道』を得るのに早いか遅いがあります。

その努力をするか、なまけるかの違いは、志が徹底《てってい》するかしないかにかかっています。

志が徹底しないのは、この世の無常《むじょう》が悟れていないところにあります。

私達のこの身体は刻刻《こくこく》に片端《かたっぱし》から死んでいるのです。

少しの間も一定の状態を保ってはいません。

生きている間に、時を無駄にしてはなりません。

古《いにしえ》の聖賢《せいけん》が『道』を求めるのもその通りです。

どんなに骨が折れても、どんなに難しくても、自分が『道』を求めるところの望みを達成しなければ已《すま》ないのです。そのような心持ちであってはじめて才《さい》も養われ、徳も養われ、『道』の人として真に意義ある人生を送ることができるというものです。

孔子『得道』を授かって曰《いわ》く、

「朝《あした》に道《みち》を聞《き》かば夕《ゆう》べに死《し》すとも可《か》なり」と、感激しきりです！

人生明解《じんせいめいかい》

第二十四章

☆ お便り

天道を歩んで二十数年、道に携《たずさ》わって今日を迎えていますが、分からないことがあまりにも多く憂慮《ゆうりょ》しています。

この度ある前賢《ぜんけん》からの紹介で幸慈会報に縁を得て、今新たに道を学んでおりますが、何事でも学ぶということは非常に苦心がいります。しかし僅《わず》かでも理解ができると、それからは興味が出てきて心が躍《おど》ります。

幸慈会報も私には心躍るものの一つで興味があります。

そこで質問ですが、先の号で「聖人《せいじん》の言《げん》は意味深長《いみしんちょう》」とありましたが、常日頃口ずさんでいる言葉に孔子様の『朝《あした》に道《みち》を聞《き》かば、夕《ゆう》べに死《し》すとも可《か》なり』があります。

これは『得道』を授かる折、天道紹介の中で聞いて以来、私の天道紹介においては必ず口にするところとなっておりますが、ところが先日の儀式の時、新求道者《しんきゅうどうしゃ》（道を求められる方）から「なぜ朝《あさ》という字を使うのですか、夕《ゆう》という字を使うのですか」と問われて戸惑いました。

問われた方のその口は笑《え》みを浮かべていましたが、私は冷や汗をかいていました。道の先輩としてどこか驕《おご》っていたようで反省しきりです。

意地悪な質問と思わないで下さい。これを機会にさらに自分を養っていく所存です。

道標

朝《あさ》という字は一番上位を意味する

朝廷《ちょうてい》、①天子が政治を執る所　②天子
朝意《ちょうい》、朝廷の意志、または天子のおぼしめし
朝家《ちょうけ》、皇室、朝廷、または国家。
朝儀《ちょうぎ》、朝廷で行われる儀式、作法。

『朝』という字でもってみれば、いろいろとありますが、その多くは人間界で言われるところの頂点、つまり最高位を表します。

一日の始まりも『朝』、物事の始まりを意味します。

道の字の辶《シンニュウ》の上に乗っかっている首《くび》は、はじめとも読み、最初が暗示されています。

人間に於ける人生途上の「途」は余り、決して始まりではありません。

ところが華道、花道、茶道、剣道、柔道など、その道を極めるといって『道』の字が使

『朝《あした》』は、
最上界の極楽天国じゃ！

われています。これは決して意味なくして使われた訳ではありません。

これら芸事、習い事には必ず初めという基礎、基本があり、それに習って力が養われ、そして極めていくという習いの『道』があります。

このような意味から見れば、私達の人生途上の「途《みち》」にはこの一生が初め、始まりではないことが明白です。

『道』には始まりがあって、そして極まりがあります。

その『道』を得て、感激のあまりに発せられた『朝に道を聞かば、夕べに死すとも可なり〔朝聞夕死《ちょうぶんせきし》〕』〔論語《ろんご》・里仁《りじん》〕という言葉は、聖人の、それなりの思惟《しい》が含まれていて当然であります。

『道』を悟らせる為の言葉であるからです。

孔子以後三千年、今更にしてこの言葉が語られるということからにして、感嘆せずにはいられません。

その『朝』という文字の構成を看《み》ると、十・日・十、そして月、つまり四つの字から成っています。

この世は霊の旧字、靈から看ると、三つの界が存在していることが口、三つから知れます。つまり上から気天界、人間界、地獄界と称されますが、道に謂われるところの「始め」つまり始まりは以上の三界の源、極まりにある訳ですから最も高い所に在って当然です。

つまり極の字は、木と亟《きょく》の二文字から構成されています。

木に関してはこれ迄にも述べていますが、木・火・土・金・水という五行の最初つまり数字でいえば「一」を意味し、方位では東、時節では春、五常《ごじょう》では仁《じん》、つまり始まり、一番最初です。

亟の字の意味は、すみやか（速い）、しばしば（数）とあります。

木《キヘン》と合わさって極まるとなると、一の数つまり最初、一番先、先端、最上位と解釈されます。

以上のような意味から見て『朝』の字を組み替えると上から十日十月の順となります（人、この世に誕生するには十月十日、逆です）。

最上の十字が理天極楽を意味し、次の日が気天を表し、三番目の十字が人間世界を表しそして一番下の月が、地獄界つまり輪廻の世界、土の下、一寸《ちょっと》のお寺が司る所の「途《みち》」の世界です。

『朝』の字に託されたその字義は、真理の道筋が明らかにしてはじめて悟れる文字です。

真理の『道』を「聞く」、その聞くという意味には、受ける、承る、きいて知る、達するなどがあります。

道の始まり、つまりこの世、霊界を創造した親神老中様の居まします楽を極める所、極楽浄土に達する『道』を授かった限りは、その夕べに死を迎えても輪廻《りんね》の地獄道に墜《お》ちることはないと、孔子様は感激の言葉『朝に道を聞かば、夕べに死すとも可なり』と感激をあらわにしています。

つまりいつでも、明日とは謂《い》わず「夕べ」と、その日のうちに死のお迎えが来ても構わないと、悠然《ゆうぜん》といい放っています。

この世は陰陽の世界、月日といえば陰と陽の取り合わせですが、「月」の字にはその二本線が入っており、「日」には一本線が入っています。

つまり「月」は日の「一」の光を受けて輝くところにその姿があります。

墓《はか》の字は・・莫《なし》、土《つち》

『夕べに死すとも可なり』の「夕」という字は「日」の字に見られる陽の一本線が抜けて傾いています。つまり日の一が欠ける、陽が欠ける、そのような姿を表している文字が「夕」という字です。『得道』を授かって理天極楽に還《かえ》るには輝く日の「一」を携《たずさ》えて戻らなければなりません。

因縁の因《いん》の口《わく》を解脱《げだつ》すれば大の字が現れ、その大に日の「一」を乗せれば天となるが如く、夕べに死んだとしても天に帰ることができるという含みのある言葉です。

天地自然の教え　その一

道の人は黙々《もくもく》として

『朝に道を聞かば』の道は、これ迄五千年の間、天の秘密として蔵《かく》されてきました。その『道』が今、公に公開されて授かることが許されています。

天地が万物を道で以て養うが如く、人も亦人の道を養わなくてはなりません。

道を養う為には『得道』つまり涅槃《ねはん》を証《しょう》する法を明師《めいし》（点伝師《てんでんし》）から授からなくてはな

りません。そして『道』を得た限りは人の心を脱して一日も早く神の心に立ち戻ることが大切です。その神の心とは「天地が万物を養うが如く」で、人に対しての慈悲《じひ》、慈愛《じあい》、憐《あわ》れみが肝要となります。

人の道は天地の道に基《もと》づかなくてはなりませんが、天地は養う万物に対して決して己《おのれ》の力を示すことはしません。天は黙し、地も黙して黙々として万物を養っていきます。

ですから『得道』を授かった者は、天地を手本として人間の道を立て、どんなに骨を折っても、天地が黙々としているように、自ら自分の力を人に示すとか、自分の手柄《てがら》を誇《ほこ》るとかというようなことはすべきではありません。例えば老子は道から凡《すべ》てのものが生ずるということを説いていますが、それに続けて「老子」の中に次のような文面があります。

吾《われ》その名を知らず、之《これ》を字《あざな》して道《みち》と曰《い》う。
強《し》いて之《これ》が名《な》を為《つく》りて大《だい》と曰《い》う。
大なれば逝《せい》と曰い、逝なれば遠《えん》と曰い、
遠なれば反《はん》と曰う。
故《ゆえ》に道は大なり、天は大なり、地は大なり、

王も亦《また》大なり。
域中《いきちゅう》に四大《しだい》有り。而《しか》して王其《おうその》の一《いち》に居る。
人は地に法《のっと》り、地は天に法り、天は道に法り、
道は自然に法る。

と、このように謂《い》われます。

『道』というものから万物が出るのですが、それは何と形容《けいよう》してよいか、形容しようがないので、強《し》いて申《もう》せば大きいものであると申せます。

凡てのものを生み出し、凡てのものを包容《ほうよう》して止《や》まぬものであるから大きいというより外《ほか》はないのです。そのように天地の働きというものは非常に大きいものですから、「逝《せい》」つまり遍《あまね》く行われるという意味で、この天地の働きは遍く行われて、天地の養う力には洩《も》れるものは一つもありません。働きが遍く行われるので、遠く凡てに及ぶのです。

時間的にも千万年も通じて天地の働きが続いていくし、また空間的にも天地の働き以外に洩れるものは何処にもありません。これを「遠い」といいます。

またこの「遠い」という言葉をもう一つに言い換《か》えれば「反《かえ》る」ということになります。

「反る」というのは循環《じゅんかん》するということで、天地の働きは始終循環して尽きることも、狂うこともありません。これを所謂《いわゆる》大きな働きというのです。

ですから道というものは非常に大きなものであり、天も大きなものであり、地も大きなものと言えるのです。

この天地自然の道に則《のっと》って天下を治める者が王であるから、王もまた大きいものである訳です。

凡《およ》そ世の中に大きいというべきものが四つあります。

先ず道が大きい、天が大きい、地が大きい、王が大きいのです。

王はその四つの中の一つを占めています。

ですから人間の道というものは、自然の道と一致していけば、其の働きは実に広大無辺《こうだいむへん》なものとなります。

それで人は天地を手本とすることが大事とされるのです。

この天地の働きの本《もと》となっているのが道でありますが、その道がどうして存在するのかといえば自然にあるというほかはないのです。

道そのものが自然にあって、その道が天の働きとなり、地の働きとなり、この天地の間に生《せい》を享《う》けた人間が、天地の働きを手本として人間としての道を定めるという訳です。

ですから何時でも自然に則《のっと》るということを忘れてはならないと老子が教えているのです。

天地自然の教え　その二

黙々として現れるものは

今回の質問者は洵《まこと》に温厚篤実《おんこうとくじつ》な道の人とお見受け致します。

新求道人《しんきゅうどうじん》（得道を求める人）に対して誠心を以て接したものですから、新求道人の質問に戸惑い、こうしてお手紙を下さったと思います。

己《おのれ》の身《み》を慎《つつし》むということは終始一貫《しゅうしいっかん》して、どのような場合でも忘れてはならないことです。

即ち「中庸《ちゅうよう》」の中に次のように言っています。

道《みち》なる者《もの》は須臾《しゅゆ》も離《はな》るべからず。

『君子は其の独りを楽しむ』

離《はな》るべきは道《みち》に非《あら》ざるなり。
是《こ》の故《ゆえ》に君子《くんし》は其《そ》の睹《み》えざるを所《ところ》に戒慎《かいしん》し、
其《そ》の聞《き》こえざる所《ところ》に恐懼《きょうく》す。
隠《かく》れたるより見《あら》わるるは莫《な》く、
微《かす》かなるより顕《あきら》かなるは莫《な》し。
故《ゆえ》に君子《くんし》は其《そ》の一人《ひとり》を慎《つつし》む。

と、そのようにあります。

つまり道というものは、少しの間でも離れることのできないもので、少しでも離れることがあれば、それは道ではないのです。

道というものは凡てのものの存在する根本ですから、僅《わず》かでも道に外れたことをすべきではありません。道に違《たが》うことをすれば必ず失敗するに違《ちが》いないのです。

ですから君子は自分の行いを慎んで、自分の行いが道に一致することに努める。従い人の見えない所でも心して気を付ける。

人が見ているからといって善いことをするのではなく、人の見えない所でも決して道に違《ちが》ったことはしない。また人に聞こえない所でも間違ったことは言わない。

そのようにしていくのが即ち君子の心掛けなのです。
隠《かく》そうと思うと自然に現れるものです。
また微《わず》かなこと、小さいことはどうでもいいと思っていると、いずれそれが明らかになって、世の中の凡ての人に知れて、恥ずかしい思いをするようになります。
ですからどんな小さなことでも間違ってはならないのです。

小さな小石が水に落ちると大きな輪を描くように、世の中のたった一人の人間だからといって侮ってはいけないのです。どんな微かな事柄でも、その世の中に及ぼす所の影響は非常に大きいものであることを忘れないようにすべきです。

要は『君子《くんし》は其《そ》の独《ひと》りを慎《つつし》む』で、人に見せる為に善い行いをするのではありません。

誰も居ない部屋の中に居る時も、間違った心遣いを起こさないように、間違った行いをしないように只管《ただひたすら》己《おのれ》を慎むのです。

自分の行いが正しければ、其の正しい行いは必ず外に現れて周囲の凡ての人を動かすものであるということを忘れないようにすることが人の上に立つ、或は人を導く『道の者』の努めと言わなければなりません。

人生明解《じんせいめいかい》

第二十五章

☆お便り

嫁入る時期を失って困っていましたところ、時期は遅れましたが、幸いにして然《しか》るべき縁談が決まりました。嫁《とつ》いで幸福に送りたいと思うのですが、よきアドバイスがあればと思い、おたよりをしました。

道標

誠をもって尽くすことが大事

無論昔の禮《れい》から言えば、婦人は二十にして嫁ぎ、男は三十にして妻を娶《めと》るということでありますが、これは必ずしも二十とか三十とかを厳《きび》しく守れといった訳ではありません。しかし今風にいえば、年齢を問うこと自体、時代遅れだとか、常識がないとかいわれてしまいます。ただいえることは、時期が遅れましても婦人としての徳もあり、また物事のよくできる人であれば、嫁に入ってから家の中のことを立派に処理して一家の妻として重んぜられていくということに努めて、そして励めばいい訳です。

要はそのための辛抱が問題ですから、その辛抱があり徳がありさえすれば、いつかは嫁した家が立派に立ちいくことなります。

何にしても自ら徳を磨いて実力を養うという以外に大切なことはないのです。

このことを荀子《じゅんし》が『修身《しゅうしん》』という篇《へん》の中に適切に説いています。

夫《そ》れ驥《き》は一日《いちじつ》にして千里《せんり》、駑馬《どば》も十駕《じゅうが》すれば
則《すなわ》ちまた之《こ》に及《およ》ぶ。
将《まさ》にもって無窮《むきゅう》を窮《きわ》め無極《むきょく》を逐《お》わんとするか、
其《そ》れ骨《ほね》を折《お》り筋《きん》を絶《た》つも、終身《しゅうしん》もって相及《あいおよ》ぶ
べからずなり。将《まさ》に之《これ》に止《とど》まる所《ところ》有《あ》らんとすれば、
則《すなわ》ち千里《せんり》遠《とお》しと雖《いえど》も、また或《あるい》は遅《おそ》く或《あるい》は速《はや》く、
或《あるい》は先《さき》に或《あるい》は後《のち》に、
胡《なん》すれど其《そ》れもって相及《あいおよ》ぶべからんや。

といっています。

驥《き》という馬は、一日歩けば千里の遠くに行くことができる馬です。

おごり過ぎては、いけないよ！

駑馬《どば》というような脚《あし》の鈍《にぶ》い馬は、一日歩いてもそんなに遠くには行けません。しかしながら十たび繰り返して車を曳《ひ》いて行けば、十日目には脚の早い馬が一日で行った位の所には行き着くことができるに違いありません。

ですから才《さい》ある人が早くやったことを、才の無い人がその通りにはやれないけれども、しかし努力に努力を重ねていけば、鈍くても自分に與《あた》えられた責任を果たし、自分の任務を全うするということはできるのです。

何も人間は世を驚かせるようなことをしなければならぬとは決まっていないのですから、平凡なことでも真面目にやっていれば、それは必ず世の中に役立っているものなのです。「無窮《むきゅう》を窮《きわ》め無極《むきょく》を逐《お》う」というような非常に奥深い真理を窮《きわ》めるとか、学問の蘊奥《うんおう》を究《きわ》め尽《つ》くすとかいうようなことは、普通の人にはできません。「骨《ほね》を折《お》り筋《きん》を絶《た》つ」というように、非常な努力に努力を重ねても、一生涯かかってもできないこともあるでしょう。

しかしながら「止《とど》まる所《ところ》有《あ》り」で、人間としてしなければならぬことをやっていくということは、何もそう難しい哲学上の真理など、究《きわ》め尽《つ》くさなくてもできることです。家を齊《ととの》えるとか、或は友達と気遣《きづか》うことなく交わるとか、役に就けば自分の与えられた仕事を忠実に果たすということなら、これは熱心にまた誠実にやっていきさえすれば必ずできます。もっとも、人によって早くできる者もあり、遅くできる者もありますが、遅くても真面目にやれば必ずできるのです。例えば、千里の遠い所に行くのに早く行く者もあり遅く行く者もあり、先に立つ者もあり、遅く行く者もあっても、とにかく真面目に一歩一歩進んで行きさえすれば、結局千里の遠きに行き着くことができないということはありません。

人間のやることはすべてその如くできるのです。

ですから才《さい》のある人が才を恃《たの》んで怠《なまけ》るよりも、鈍《にぶ》い人が自分は鈍いということを自覚して、誠実に励《はげ》んでいくほうがはるかに勝っているといわれます。

これは世に立つ人にとって誠によい教訓です。

どうもすると自分の才を恃《たの》むということになりがちですが、或はまた少し鈍いと失望するようになりがちですが、そういうことのないように、何ごとでも誠実に努めていくということが、人として一生を全うする道でもあります。或はまた世の中に貢献する道でもある、ということを決して忘れてはいけないのです。

天地自然の教え

『倹《けん》』


贅《ぜい》を尽くさぬということは、要するに謙遜《けんそん》の徳を守っていることを表しています。

何でも人間は、自《みずか》らその地位に誇るというようなことはあってはならないのです。

物は足りない所で満足するという位でなければならないのです。

それで月も十五夜の満月になれば翌《よく》る夜から欠けていくのです。

「望《ぼう》に幾《ちか》し」……十五夜が明日の晩だとか、明後日の晩だとかいう時が洵《まこと》に美しいので、もう満月になりそうだという時は、見る人も殊《こと》に大きな期待をもって見ますし、また月そのものも今盈《み》ちようとする時が殊《こと》に光の鮮やかなものです。人間もその通りで、もうこれで十分というよりも、十分に足らぬ所で満足している所に非常に深い意義があります。

すべてそのように足らぬのを自ら足れりとするという心持ちであれば、その生涯は安心無事で吉ですから、何の過ちもなく過ごしていけるに違いないのです。

これはただ物を惜《お》しむということではなく、どんな物でも人の骨折りに依《よ》らないで出来る物はありません。一粒の米でも、一尺の布でも、大勢の人が汗を流して精魂《せいこん》を尽くして作り上げたものですから、人の骨折りが尊いと思える心があれば、その骨折りによって出来たものを粗末《そまつ》にすることはできません。

感謝の心持ちというものは自らの倹約という行いに現れるのが当然であるからです。物を無駄にするということは、要するに人の骨折りを無視することなので、人の骨折りを無視するような者は、決して自分も世の中のことに、本当に力を打ち込むという心持ちになれないものです。また質素な生活をしていると外に対して求める所が少ないので、強いて人の意を迎えて出世したいとか、贅沢《ぜいたく》な暮らしをしたいとかいう心持ちはありませんから、いつでも心は平和であり、また安穏《あんのん》としていられます。

この事を老子《ろうし》様は「倹《けん》なるが故《ゆえ》に能《よ》く広《ひろ》し」と申しています。倹《けん》な生活、すなわち質素な生活をしていると心が広い。何も外に対して求めるところがないのでいつでも悠々《ゆうゆう》として世に処《しょ》することができる。人間としてこれほど幸福な者はないといわれます。如何《いか》にも尤《もっ》もな話で、「倹《けん》」でいることは、人間の一生を健全に送るために最も肝要なことであります。

「倹」すなわち己《おのれ》を幸福にする道であると考えて、この「倹」の徳を守ることが大事です。

人生明解《じんせいめいかい》

第二十六章

☆ お便り

先の号で「倹」に関して勉強させていただきました。

実は今、自身の出所進退《しゅっしょしんたい》に心が揺れ動いております。

その折の「倹」に関しての会報ですから、身に沁《し》みてうれしく読ませていただきました。

年老いての生活、「足りるを知る」について知りたく存じます。

道標

一口《ひとくち》の田という文字は、福

人間の欲望というものは、自然のままにしておけばだんだん募るばかりで、贅沢をしたからといって、決して心に満足を与えることはできません。

一つの欲望を満たせば二つも三つも新しい欲望が起きてきます。

ですから自らその欲望を制するということをしなければ、外から見る人が羨《うらや》ましいというような生活をしていても、その人自身には何の満足感もないのです。

このことは古の聖人賢人の教えているところで、この点を厳《きび》しく戒《いまし》めています。

殊《こと》にお釈迦様が亡くなられる前に次のように説いていられます。

知足《ちそく》の法《ほう》はすなわち是《こ》れ富楽安穏《ふらくあんのん》の處《ところ》なり。
知足の人は地上に臥《ふ》すと雖《いえど》も、
猶《ゆう》は安楽たり。
不知足《ふちそく》の者は天堂《てんどう》（天道）に處《お》ると雖も、
また意《こころ》に稱《かな》わず。
不知足の者は富むと雖も而《しか》も貧《まず》しく、
知足の人は貧《まず》しと雖も而も富《と》めり
不知足の者は常に五欲《ごよく》の為に牽《ひ》かれ、
知足の者の憐愍《れんみん》する所と為《な》る。

これは如何《いか》にも適切《てきせつ》な教えで、足りるを知るということは、心を平安にする根本であるといわれています。
欲望がどこまでも募っていけば、どんなに良い家に住んでいても、どんなに毎日贅沢をして暮らしていても不平不満であるし、自ら足りるを知って質素な生活に甘んじていれば貧しい生活をしていても心に余裕があります。

それでありますから知足の人、つまり足りることを心掛けている人は、たとえ地の上に寝ていても心は平和です。

足りることを知らない者は豪華絢爛《ごうかけんらん》な家にたとえ住んでいても、それでも意《こころ》に稱《かな》わないのです。何となく満足がないのです。

ですから、足りることを知らないという者は富んでいても心は貧しいのです。

足りることを知る者は貧しくとも心は裕《ゆたか》です、それは真《しん》に富んだ人と言えるのです。

そうお釈迦様は教えられています。殊《こと》に終わりの句《く》は最も適切に感じられます。

つまり、足りるを知らない者が常に五欲に牽かれていると、眼には美しいものを見たい、耳にはよい響きを聞きたいというような、いわゆる物質的な欲に牽かれるので、心は少しも安らかではないのです。よって、足りるを知っている者から見ると、あれは可哀想な者であると憐《あわ》れに思えます。

本当に平和に毎日を送ろうとするならば、まずもって自ら欲望の心を制して、己の欲に使われないようにするということが最も大切です。

『足りるを知る』という言葉は、お釈迦様が自分の弟子を戒められた言葉ですが、出家の人に限らず、どのような境遇にいる人でもこの戒めを忘れないようにすることが最も肝要かと思います。

これは決して、お金を多く使うのは悪いというような簡単な意味ではありません。贅沢をしたいという心持ちが主になってしまうと、他のことに全力を打ち込むという余裕がなくなるからです。

人間は一度に幾つものことをするわけにいきませんから、どうしたら立派な家に住めるだろうか、どうしたら見なりを美しくできるであろうかということばかりを考えていると、何の事業をやっても、その事業に全力を打ち込めなくなります。したがって学問をしても、その研究に一心を打ち込めなくなります。

つまり贅沢を求めると自然に心の働きが鈍ってしまい、そういう状態が永く続けば、少しは智慧があった者でも智慧がなくなるし、思慮分別も確かさを欠くことにもなります。欲の為に心の働きが制されるということは実に恐るべきことです。

ですから誰でも己の欲望を制していくということは、何よりも大切なことなのです。このような心遣いは損のように思えますが、決して損ではないのです。

かえって益を得ることです。

先に申しましたように、貧しい生活をしていても心に余裕があれば楽しんでいけるのです。半面ゆたかな生活をしていても、欲望がむやみに長じていけば少しも心に満足は生まれないのです。

つまり大事なことは、「損せずして之を益す」です。

天地自然の教え

馴致《じゅんち》

「馴《じゅん》」とは馴《な》れるということでありますから、その環境に、その状況に、足りるを知ることに馴れるということが、如何に大事であるか、それを覚《さと》ることが大事です。そ

してそれがだんだん積もり重なって、はじめはわずかに見えたようなものが大きく現れてくるというのが「馴致」という意味です。

つまり、①だんだんなれさせる②しだいに別の状態に移り変えるということですが、「馴致」ということは善《よ》い方にも悪い方にも共に移り変ることができます。善い方から言えば、努力を重ねていけば小さい働きも大きくなるということであり、悪い方から言えば、過失をそのままにしておくと何時の間にかその過失が大きくなって、もはや取り返しがつかなくなるということで、善悪共に「馴致」ということには注意しなければならないのです。

丁度霜の降るような気候から、だんだん硬い氷が張り詰めるような気候になる情景が、よくこれを形の上に表しています。したがい修養に力を尽くそうと思う人は自然の成り行きをよく見て手本とし、小さい善いことは棄《す》てておかないで益々励んでいけば、やがて大いなる善を為すことができます。

また小さな悪を棄てておかないで、直《ただ》ちに顧《かえり》みて改めれば、大きくならないうちにその過ちを改めることができるという訳です。

「これは仏教の方の話でありますが、お釈迦様がある時、弟子を大勢お連れになって道を歩いていられたところ、その行く先に縄《なわ》が一本落ちていたので、お釈迦様がお弟子に『その縄を取ってみよ』とおっしゃった。

そこでお弟子がその縄を取ると、『それを嗅《か》いでみよ、どんな臭《にお》いがするか』と言われた。そこで嗅いでみて「これは非常に生臭《なまぐさ》い臭《にお》いが致します」といったところ、お釈迦様のおっしゃるのには、『それはどうして生臭くなったのか知っているか、縄というものは、はじめから生臭いものではない。その臭いは多分何か魚を縛って持って歩いたのであろう。その魚を縛った縄を棄てておいたのを、お前が今拾ったのである。今この縄は魚の臭いがするが、この魚の臭いも魚を縛って直《じき》に付《つ》きはしない。久《ひさ》しい間魚を縛って持って歩いていると、自然にその魚の生臭い臭いが縄に移るのである。ひとたび移った臭いはもう容易に消えはしない。

人間もまたその如《ごと》くで、つまらない人間に交《まじ》わっていると、一日や二日では害を受けないであろうが、長く交わっている間に、悪い習慣が自分に付いてもう後でこれを直そうとして直せるものではない。よくそこを考えなければならぬ』そう言って教訓《きょうくん》をされた。

お弟子達は非常に感銘して、「なるほどそういうものでありましょう。自分達もこれから身を慎みます」とそう返事して縄をその場に棄ててまた道を歩いて行った。

それからしばらく行くと道に一枚の紙が落ちていた。

その時お釈迦様は、『その紙を手に取って嗅いでみよ、どんな匂《にお》いがするか』とおっしゃった。

そこでお弟子の一人がその紙を嗅いでみて、「これはたいそうよい香りが致します」と言って返事をすると、お釈迦様がおっしゃるのに『紙はどうしてそんな良い香りがするのか。紙というものは香りの無いものである。しかしこの紙は恐らく良い香《こう》を包んで持って歩いたので、その香の香りが自然にこの紙に移っているのであろう。そういうような良い香りが移ってしまえば急に消えるものではない。人間もまたその通りで、どんなすぐれた人と交わっても、一日や二日で大きな感化を受けるということはできないが、長い間善《よ》い人と交わってその教えを受けていれば自然々々に自分も進歩して、自分の心も正しくなる。丁度その紙が久しく香を包んでいた間に、その香の香りが移って良い香りとなったのと同じことである。お前達もその積もりでなければならぬ。久しく経《た》つ間には自然に自分が立派な者になるので、何でも久しい間、辛抱するということが大切である』。

そう言って教えられたので、教えを受けた人々も非常に感銘して、

「なるほどそうである。自分達が少しばかり仏様の教えを受けていて、まだ碌《ろく》なこともで

きないのは、要するに努力が足らぬからである。もっと努力を重ねて行きさえすれば、必ず学んだ甲斐《かい》があるであろう」ということを覚《さと》って大いにありがたく感じたのです。

こういうような話が経典の中にあるのですが、万事この通りでありますが、何事も『馴致する』ということを考えなくてはなりません。

善悪共に久しく積む間には、善くもなり悪くもなるので、その所をよく覚って物事を進めないと、善悪とも次第に大きな効果が現れてきてしまうものであります。」

※平凡社「易経大講座」（小林一郎・著）より抜粋

人生明解《じんせいめいかい》

第二十七章

☆ **お便り**

昨年の暮れ、私の孫の店が不況によって閉店し、少々自暴自棄になっております。時勢とはいえ体裁悪く少々腹が立ちますが、まだ若いので話して聞かせることによって復活できればと考えております。やる気を起こさせるよい妙案かお話をお聞かせください。

道標

大きな苦労ほど、先は楽々

世の中がだんだん衰えかけている有様を見るにつけ、自分の座っている椅子がだんだん危うくなってきてグラグラして座っていられないといったふうに、安定している状態が失われて、先の見込みが立たなくなってしまっているようです。しかし、このような時はどこまでも、この逆運の中を忍んでいって、また機運《きうん》の良くなるのを待つ以外に方法がないのです。

このような時に『忍ぶ』という覚悟が足りないと、かえって禍《わざわい》が大きくなるだけですから、体裁を考えるなどと思わないで、とにかく忍んでこの難しい時期を乗り越えるよりほかはありません。

しかしながら、なかなか人間というものは名誉心の強いものですから、苦しい時に体面などを考えないで、万事を忍んでいくということはなかなかできるものではありません。

そのため、かえって焦って禍を大きくする、という例が随分とあります。

世の中には一時の忍ぶべき所を忍ばないために、かえって大計を誤るという例が随分とあります。よく落ち着いて考え、忍ぶべき時は忍んで、この時期将来に備えてもっぱら力を養い、そうしてその力を伸ばす時を待つ、その覚悟がなければ大は為し得ません。自ら戒めるということが、何時でも、新しい力を復活させる元になるのですから、盛んであっても自らを戒めることを忘れてはならないのです。ましてや衰えた時に自ら反省することなしに、万一の勝ちを求めるという僥倖《ぎょうこう》を求めるような心持ちがあれば、決して成功することは望めません。

大きな家が傾いていく様子を見ればよく理解できます。

真面目な商人が損をした時に、できるだけ用心して回復を図れば、何時かまた回復ができますが、ところがその大きな損を埋めようと思って何か投機的なことに手を出して一獲千金というような夢をみてしまうと、それが病みつきになり、次第に投機的なことが止められなくなってしまいます。

損すればなおさら焦って、とうとう家を潰してしまうということになってしまいます。

これまでいろいろな店が潰《つぶ》れたのを見てきましたが、十が十、皆その通りで、焦ってやるから自分の家を潰す羽目になるのです。持ちこたえることに力を尽くさないで、何でも無理に回復しようとするから、その無理が累《るい》を為して、その家を潰す結果となります。

苦労の足りない者は、少し苦しいことに遇《あ》うとむやみに焦るもので、結局その苦しみが多くなるばかりです。世の中を通っていろいろ苦しい目に遭《あ》った人は、今までの経験に照してみて、これではならぬと思う時にはいくらでも我慢することができますから、結局その逆運の中を越えていくことができるので、苦しむということが人間にとっては何よりも大切な薬となります。

万事がそういうもので、苦しんで鍛え上げた人間という者はどん底まで落ちても、また起き上がることができるものなのです。苦しむということは決して損とはなりません。

苦しみを重ねていく間に心も鍛えられ、身体も鍛えられるものであるということを忘れないようにしなければなりません。しかしながらこのような時期においては、自ら守る所の希望や志を変えないという決心が大切で、運がどう変わろうとも確固とした目的を持ち、それを貫くということが大事です。

昔の人の言葉に『人事を尽くして天命を待つ』ということがありますが、できることをして、そうして後に天命に任せるという意味です。

時が来なければいくらどういう志を持っていても、できないことはできないのですから、できる限りの力を尽くして、そうしてその時期を待つという寛《ひろ》い心を持って、忍ぶことが大切です。

例えば雷というものは天上に鳴り響くものですが、元来地の底から水が蒸発していって、そしてそれが集まって雲となり、その雲の中に電気が発生して雷が鳴り響く訳ですから、天に鳴り響くものは元来地の底で養われて出てきています。

つまり時を待つという忍耐、そして辛抱が大事である訳です。人間もまたしかりで、一生の間に必ず世の為に役に立つという時期が巡るということを考えなくてはなりません。辛抱なく無意味に一生を送るのはつまらないことです。

天地自然の教え

『復《ふく》す』

『復す』とは、すなわち陽の気（暖かさ）が衰え果てていたが、然《しか》るべき時期が来てまた回復してくるという有様を言います。

例えば冬の寒さがいよいよ極点《きょくてん》となり、寒中となって、そしてそれから冬が過ぎてまた春が復《かえ》ってくるという状態を表しています。万事滞《とどこお》って動かぬ状態であったものが再び機運《きうん》を得て復活する、その始まりを『復す』といいます。

そのような機運が巡ってくると万事の駆《か》け引きに障《さわ》りがなくなり、一切のことに自ら解決の道が見出されてきます。

しかし時機を待つということは忍耐のいることで、その辛抱ができずに道を外す者が多いのが現状ですが、人間ははじめから偉人《いじん》でも賢人《けんじん》でもないので、失敗や間違いをするこ

とはやむを得ません。

しかしながら孔子様《こうしさま》が言われるように、過《あやま》っても改めないのが本当の過ちで、過って改めれば正しい道に復《かえ》ることができるので、常に己《おのれ》を反省する者は『遠《とお》からずして復《かえ》る』ということができるのです。

これを易では『天地の心を見る』といいます。

天地間に行われているすべての働きというものは終始循環《しゅうしじゅんかん》して行われており、如何《いか》に衰《おとろ》えても衰え切るということはなく、またすぐに元に戻るということは、春夏秋冬の四季の廻りを見てもよく分かります。

したがい天地の心を見て、これを手本として、何処までも人間は努力しなければならぬという心持ちを失わないようにすれば、時に運不運はあっても決して、その骨折りがまるでなくなるということはないので、強《し》いて息《や》まなければ、必ず後《のち》に至《いた》ってその効果《こうか》が現れてくるということを固く信じてよいと思います。

しかしながらとにかくその力を養わなければならないので、それでその力が盛んになるまでは、養うということに専念しなければならないのです。

昔の賢君《けんくん》というような人は易で言われるところの『陰《いん》が極《きわ》まれば陽《よう》になり、陽《よう》が極《きわ》まればまた陰《いん》になる』ということをよく考えて見極《みきわ》め、そうしてその陰なり陽なりの極まった時には、己《おのれ》を慎《つつし》み、また皆にも静かにして行いを慎むように教えて、そしてその間に『身《み》を修《おさ》める』ことを指導するということを怠《おこた》らなかったそうです。つまり、気がつけば必ずその過ちを改める。

過ちを改めれば心が正しくなる。

心が正しくなれば身が正しくなる。

身が正しくなればその言うことも為《な》すことも一々道に適《かな》うようになるので『身を修める』ということが、大いなる効果を現す根本になる訳ですから、己を正しくすることなしに人を正しくすることはできないということにもなり、また己の身を修めることをしないで、世の中の為に力を尽くそうとしてもできない訳ですから、『身を修める』という言葉は極めて簡単なようですが、すべて『功徳』を立てようとする人にとって最も適切な言葉に相違ありません。ですから幹《みき》なる自分がシッカリしていれば、枝も繁《しげ》くなり葉も茂《しげ》るということを忘れてはいけません。

焦らずに、堅実に力を尽くしていくということが最後の勝利を得る途《みち》であるということは、どのような地位にいる人も決して忘れてはならないことであると思います。

人生明解《じんせいめいかい》

第二十八章

☆ **お便り**

先日はお世話になりました。あの時の相談は「主人とやり直すことができるかどうか」というものでした。

その結果、かなり難しいとの判断をいただきました。

私は未練を断つ為『得道』を授かろうと思いました。

ところが『得道』を授かったお陰でしょうか、主人はガンとしてやり直すことを拒否していたのに、来週からまたやり直すことを前提に一緒に住むことになりました。

これには私自身非常に驚いていますが、此処に来て一つ問題が生じてきました。

主人は宗教アレルギーで、一言でもしゃべればまた元の木阿弥になりそうで話せません。

天道は何の宗教に属するものでなく、真の信仰ですが主人は受け入れてはくれません。

心の中で神様を信じていると言っていますが、そんな私に険悪感を持って引っかかってきます。本来ならば、そんな主人を説得して『得道』を授かってもらいたいと思うのです。

が、今はそういう気持ちになれません。

やはり、やり直すことができなくなることがとてもこわいのです。

今後の御指導を仰ぎたいのですが、そのようなことで出かけることができません。

今は主人としばらくの間、お互いについてもっと考えたいし、逆にギスギスし続けたことをなぐさめ合う時間を持ちたいのです。それにはささいな問題点も作りたくないのです。

本来なら直接お会いして話すべきことだとは思いますが、私自身の弱さの為、お手紙で失礼します。

いずれお訪ねできることがありましたら、よろしくお願い致します。

道標

忍という字は、刃物の下に心です

便りを頂いて状況を知り、主人の方に心境の変化が生じたことうれしく存じます。

決して焦ることなく、忍耐をもって御主人の心をいやすことが大事です。

その折にはやはり御主人の性質や気風をよく覚《さと》って気長に心を遣《つか》うことが肝要です。

人間はその生まれつきによってそれぞれ性質や気風というものが異なってあるものですから、どんな教育を施したとしてもその持って生まれた性質気風がスッカリ変わるということは到底望めるものではありません。

気の長い者もいれば短い者もいるし、大体を見ることに長じている者もいれば、細かい所に気のつく者もいます。

それがその人の持って生まれた天性ですから、それはいくら教育したところで、全く変わるものではありません。

しかしながらその性質にはいずれも長所と短所があるので、心遣いや教育をもってその短所を矯《た》め直《なお》して、持っている長所を発揮させるということは無論できる訳であります。

例えば大きいことに気の付く人は兎角《とかく》、粗雑《そざつ》になりやすい、その粗雑になるという欠点を直していけば、大きい所に眼を着けるという才能が目覚めれば、非常に世の中の役に立つことになります。また細かいことばかりを考える者は、とにかく、ある一方に偏《かたよ》りすぎるのですから、これを心遣いや教育で直していけば、その細かいことに注意する才能が世の中に大きな役に立つことになります。

そのような観念に立って夫や妻または他を見ていけば、気質や気風が示す天性の善《よ》いところが発揮されれば皆世の中、夫婦、家庭に役立つとそのように考えて、物事に接していくことが大事です。

天地自然の教え

『安貞《あんてい》』

易《えき》で謂《い》われるところは、『安貞《あんてい》にして吉なり』で、自分の境遇《きょうぐう》に安《あん》じて、そうしてそのためにすべきことを真面目に努《つと》めいき、人を押し退けて先に立とうということを思わず、自分の境遇に安じて自分の地位を守って忠実に物事を為していけば吉であると易ではいいます。

地というものはよくこれを表しています。

地というものは少しも動かない。千万年を通じて少しも動かない。

地が昇って天にとって代わろうというようなことは決してありません。

時には心のあり方を
考えてみることも、
大事じゃ！

何時でも地というものは、天の下に在ってドッシリ落ち着いていて少しも動かないが、その動かないということが、すなわち万物を育てる働きを全うすることにもなるのです。その飛び上がって天を凌《しの》がないということが、天の働きを輔《たす》けるという大きな働きを為す本になるのですから、『安貞《あんてい》』ということが地の特色となるのです。ですから之《これ》を手本として誰もが、この『安貞』ということを旨《むね》としていかなければならないのです。

世の為に、或は人の為に役立とう、手助けしようとする者は、よく自分の本分を悟って「自分は先に立たずにすぐれた人を輔《たす》けようと、徳のある人に輔けを与えてさらに、その人の徳を高くするように努めよう」と、そのような心持ちで居れば、必ず『朋《とも》を得《え》る』ので志を同じくする者が出てきて、よくその働きを全うすることができることになります。

ところが自分の地位を忘れてしまって、何でも先に立とう、自分から物事を始めようというような考えで居れば『朋《とも》を喪《うしな》う』ことになり、力を協《あわ》せる者も無くなってしまいます。

そうして何か世の中に役立つようにと思っても、役に立たないで終わるようになるのです。何事も己《おのれ》を捨ててかかるということが、結局は己を全うする道、これが地の徳というものです。

以上のようなことを養って本性を発揮すれば、『習《なら》わずして』すなわち新しく何事かをしようと思わないでも、その本性の儘《まま》で行っていけば自然と『利《り》あらざること无《な》し』で、十分の働きができるのです。

『得道』は、かつては『心法《しんぼう》』と称されて、誠の心、つまり本性を目覚めさせる法という意味が含まれています。

天道では『得道』を『一』或は『道』を得るといいますが、それはこの世における森羅万象万物の起こりは『一なる道』から始まっているからにほかなりません。

すなわち本《もと》なるものが無ければ、何も無い訳ですから、道には一なる本があるという訳です。一なる天の道に陰陽の二点が付いて忄《リッシンベン》という『こころ』が誕生します。

これが本性、霊なる心です。

そしてこの世、清濁《せいだく》に下《くだ》って忄《きょう》の「こころ」となる訳ですが、この「こころ」の意義は恭という漢字に表されています。

つまり、ウヤウヤしい、うやまいつつしむようす、ウヤウヤしくする、つつしむ、と言われるように、実際は「忄《きょう》」は人の心として恭《うやうや》しく気遣うことが示されています。

一方、天のこころ忄《ちゅうよう》は霊の正門・玄関の奥に収まり、天の道、善《ぜん》を為そうと焦るのですが、人心という欲望に阻《はば》まれて、なかなか思うように善を為すことができないでいます。

そのうち、人心はこの世の濁流《だくりゅう》にのみ込まれて欲望をたくましくしてしまった結果、四《し》生六道《しょうろくどう》の輪廻へと果てしない旅路を辿《たど》ることになる訳です。

後《のち》、人に転生《てんせい》できれば幸いですが、四生《ししょう》に転生してしまうと、心は四生の㣺《よつあしのこころ》と変じてしまいます。つまり

忄 ⇩ 忄 ⇩ 心 ⇩『㣺』という『こころ』の流れを辿ることになります。

『得道』はその『こころ』の流れを逆流させて

『忄』⇧ 忄 ⇧ 心 ⇧ 㣺　へと戻す天の妙法《みょうほう》なのです。

人生明解《じんせいめいかい》

第二十九章

☆お便り

今の世の中は騒然《そうぜん》としていて、一向に先が読めません。

この状況は天道における白陽《はくよう》への移行、つまり時運の移り変りとお聞きしておりますが、仕事上果たしてどのように、この先、対応していけばいいものか、御伝授願えれば幸いです。

ところで申し遅れましたが、私は一応名の通った商社の部長職をしております。

会社の業績も思わしくありませんが、それにも増して係長、課長と言われていた頃に比べて部下の扱いも、非常に扱いにくくなってきています。

これも時勢でしょうか。

どのように指導して乗り切っていけばいいのか、ご意見をお聞かせください。

道標

欲という字は谷と欠けると書く

今の時勢、成り行きにおける心遣いと言えば、物を提供する方も欲なれば、求める方も欲
雇う方も欲なれば、雇われる方も欲。
奪う方も欲なれば、奪われる方も欲といった時代で、金銭欲に執着《しゅうちゃく》が絡《から》まって安心して眠ることができない世になっています。心ならず凡てが欲といった状況下にあるように思われます。

なぜ欲という字は「谷に欠ける」と書くのでしょうか。

富み栄えること、豊かになること、便利であること、楽であること、喜びがあることなど、山の上の高い所に居座ろうとすることばかり考えて物事を行ってはいけないという戒めが欲という字には秘められているのではないでしょうか。

それよりも質素にすること、一歩も二歩も控えて行動するということが何よりも大事なことで、『足りるを知る』という精神に欠けているという状況下にあるといえます。

欲が勝り始めると、お互いが相手のことを思い遣《や》る、いたわるという親切心までが失われて、一時の安らぎを貪《むさぼ》るようになってしまいます。

山の上に登ることを考えずに日の当らない谷間にいても、心が平安でいられることが、まず大事だと悟ることが、この時勢において最も必要ではないでしょうか。

枯れた枝に咲いた花が長く保てないと同じように、ほんの当座《とうざ》を繕《つくろ》うてどうやらこうやら、その地位を保つということでは決して会社は栄えないし、また自分の地位や身分を保っていくこともできません。

世情至るところに見られる欲の争いは醜《みにく》く、目を覆《おお》いたくなるほどです。

「例えばこのような状態を易でもって言えば、水と水が重なる、つまり『習坎《しゅうかん》・☵・☵』といいますが、「習坎」の習は、まねる、繰り返し行う、つまり重ねるという意味で、水が重なってあるということは、苦と苦で非常に危険な状態を表しています。

また坎《かん》には、陥《おちい》るという暗示があります。

したがい「習坎」とは、だんだん水の中に入って行って、深みに陥るという意味となります。

国つまり政治で言えば、非常に困難に困難が重なっていって、ほとんど国が立行かない状態を表し、また一個人或は一家で言えば、世の中に身を立てることもできない、家もほとんど傾きそうになるという状態を暗示しています。

今のままの状態でいくと、所謂《いわゆる》出直しをしなければならない状態に追い込まれることにもなりかねません。

人は絶えず忍耐辛抱して己《おのれ》の力を養うことに努めるべきであるといわれますが、このような忍耐を易では『過《す》ぎて渉《わた》る』といいます。

つまり水の中を渡ろうとして途中まで来ると、水が頭の上にまで来て危ないけれど、しかしそれでも危ないと思わないで行くという意味ですが、これは世に力を尽くそうとする人が、自分の力が世の中に役に立つか立たないか判らないけれどもとにかく力のあらん限りは尽くしていこうと考えているのに例えた言葉です。

場合に依《よ》れば随分と骨折っても、その眼の前の困難を解決することはできないことも、しばしばある訳ですが、それでもなお、その努力が続けば、今すぐにはよい結果が出なくても後に至って必ずよい結果が表れてくるという希望をもって誠心を変えない、また始終反省して努力を緩《ゆる》めないということが最も大切です。

そのような信念をもっていってこそ、全体としての自分の働きが大きなものになって世の中にも益を与えることができる訳です。

人間の境遇は終始変わっていくものでありますから、如何なる境遇をも安らかに越えられるだけの用意と工夫とを平生において怠らないようにすることが、殊《こと》に肝要である訳です。

天地自然の教え

心《こころ》亨《とお》る・後《のち》に至《いた》って必《かなら》ず報《むく》われる

花などを見ましても、桜の花のように美しい間に散る花もあれば、色が変わってもなかなか散らない花もありますが、色が変わって汚《きたな》くなって枝に食《く》いついている花というものは、非常に見苦しいものです。

人間もその通りで、もう力が無いと思いながら今迄の惰力《だりょく》をもってその地位を保っているとか、人が心服しなくても、何とかごまかして当座《とうざ》を繕《つくろ》うというのは、丁度萎《しぼ》み果てて散りもしないで枝に付いている花と同じですから、これほど見苦しいものはありません。朝顔の花というようなものは朝咲いて昼には萎《しぼ》むけれども、また翌日には新しい花が咲くし、またその翌日にも新しい花が咲くので、結局寿命が長いのでありますが、人間も間違いがあったら改めていきさえすれば、また新たになっていくことができると悟って、間違ったことはすぐ改めて、そうして新しくしていかなければなりません。

それに苦心努力しただけで一生を終わるという人が随分あるかもしれませんが、それでもその骨折りというものは決して無駄にならないのです。

一人の人が努力してその成果《せいか》を得《え》ないでも、それが正しいことであるならば、必ずその志を継ぐ人が後から現れてきて、前の人の骨折りが後の人の骨折りによって受け継がれてそうして努力に努力が重なっていけば、必ずその効果は現れます。

それには誠心を変えず、また努力を緩めないということが最も大切です。

このことを易では『孚《まこと》有《あ》り維《これ》心《こころ》亨《とお》る』といいます。困難があまりにも甚《はなは》しければ、事柄の上においては成功がおぼつかないことがあります。

しかしその『心《こころ》は亨《とお》る』といわれます。

つまり誠心誠意をもって努めたことは、後に至って必ず報《むく》われるからです。すべて目の前の成功とか失敗とかというようなことのみで、すべてを見てはいけないのです。

どんなに焦っても直にその効果は現れない今の世の中ですから『心亨《こころとお》る』、この誠心は必ず後に至って報われる時があるという信念と覚悟を持って事に臨むことが大事です。

誠心を持っていさえすれば、その試したことが失敗に終わろうとも、誠心をもってこれに当たった人の心持ちというものは、必ず人に尊重される時が来るものです。

その努力は決して無駄にはなりません。

時勢が時勢ですから、現状は水の中を渡っていったところがそこに深みがあって、その深いところに落ち込んで先に進むことはもとよりできず、後に引くことも到底できない、所謂《いわゆる》進退窮《きわ》まっているというような状態ですから「凶《きょう》」なりという以外ありません。

そこで、このどうにもならない時を過ごすのには如何にしたらよいかと言えば、これはジッとしてその苦しいところに耐えて、そうしてしずかに自己の力を養っていくより外はないのです。

苦しいことがあったらその苦しいことに耐え、困難があったらその困難の中を凌いで行くことを工夫することが大事で、どうにもならぬ時にはゆっくりと自己の力を養って、その力が十分に蓄えることができれば、自ら困難を解決すべき時が来るということを確く信じて、決して力を落とさぬようにしなければなりません。

『心が亨る』ということを忘れないようにして居れば、如何なる艱苦《かんく》をも凌ぐことができると思います。

孔子様《こうしさま》は常にお弟子達にこのようなことを教えていられました。

人間の境遇というものは終始変わるものであるから、得意のことも失意のこともあるが、とにかく自分の力を養っていなければならない。

力を養って自らの力を用いる時が来れば、これ程幸福なことはない。またその時を得ないでも、自らその道を楽しむということができれば、他の人のうかがい知ることのできないような大きな喜びがあるのであるから、まず自ら養うということを根本としなければならぬと度々《たびたび》教えられているのであります。」

※平凡社刊「易経大講座」（小林一郎・著）より抜粋

人生明解《じんせいめいかい》

第三十章

☆ **お便り**

先日『得道』授かり、今安心が広がっています。

これまで教わってきた宗教と天道の教えに雲泥《うんでい》の差があることを、天道の説明を聞いて知ることができました。これまでの教えから一日も早く脱皮《だっぴ》して、天道の真理が理解できればと思いつつ、小誌「天道と人生」を読ませていただきました。読む程に涙が出てきて止まりません。なぜ胸が熱くなるのか、なぜ無念がるのか、これまでの人生に悔《くや》しさを覚えます。

誠を知り、誠を尽くして、悔《く》いの無い人生を歩みたいと思います。

今後の進め方をお教えください。

道標

美しく生きなさい

往々《おうおう》にして世間では美しく生きるというと、華《はな》やかに飾《かざ》ってと解釈されますが、誠

の意味は単に外面を飾るという意味ではなくて「心を美しくする」というところに意義があります。

美しくするというのは形の上の問題ではなくて心の問題でありまして、心を美しく保たなければならぬということで、心を美しく保つということは利害損得《りがいそんとく》を主にしないということです。

とにかくこの世は、生活は楽がいい、小さい家に住むより大きい家に住む方がより多く望まれます。

質素な暮らしをするよりも派手な暮らしをする方が愉快《ゆかい》ですが、しかし人間はそのようなことだけでは決して満足が得られるものではありません。

本当に心を美しく保つというのは、自分の心を悟って、そしてその後の人生においてその責任を果たした後に、喜びを感ずるということでなければならないのです。

ですからこれまでの人生を変えようという人にとっての大切な戒《いまし》めは「美しく生きる」という言葉が何より大切かと考えます。

易に「自《みずか》らを養《やしな》うを観《み》る」という言葉があります。

その意味は、一体何をもって自分の身を養うべきかと言えば、身に一番適するものをもってそして身を養うべきである。

また何をもって自分の心を裕《ゆたか》にすべきかと言えば『正しき道』をもって、そして自分の心をゆたかにすべきであるといわれます。

その正しい道に背《そむ》くということがあったならば養うという、その結果は決してよくありません。ですからその信念の根底《こんてい》をしっかりと定めて、少しでも道に違《たが》わぬように正しくしなければなりません。間違った教えにいて反省せず、何でもかんでも現世利益本意でいくと、結果的には利益を得ることなく自分の一生を誤ることになります。

因に『正』の字でもって意味を解けば、正道の『正《せい》』の字は一と止の二文字で出来ています。

天道では『一』は霊の正門・玄関（心の門つまり悟りの門）を表すところから『正』の字を分解して解釈すれば、一《いち》に止《とど》まるとなります。つまり『正』の字の意味するところは、お釈迦様の正法眼蔵《しょうほうげんぞう》つまり『得道（悟りの入り口を開ける）』を授かったその結果、澄みきった純粋な神の心を取り戻すところに『正』の意義があります。

天道で奨励《しょうれい》しているところの「守玄《しゅげん》（心の玄関を守る）」もまた、澄みきった純粋な神の心を取り戻すための修練であります。

したがい「美しく生きる」というその言葉の尊《とうと》さも身に沁《し》みて判っていただけるかと思います。

天地自然の教え

汝《なんじ》の霊亀《れいき》を捨て、我を観《み》よ

「霊亀《れいき》」というのは、昔は亀の甲《こうら》をやいて運命を占うということが行われていたので、甲というものは神聖《しんせい》なものであると考えられていました。

「霊亀《れいき》を捨《す》て」という意味は、天の道を重んじ人の道（人生途上）を重んずる心掛けを捨てなさいということを表しています。

つまり現世利益的なこと、名利恩愛《めいりおんあい》に執着《しゅうちゃく》することから遠ざかりなさいという意味です。他の人の幸福を見て、自分もああいう幸福を得たいものだと思い、口を開いて食物を探《さが》すような心掛けでいると、それは決してうまくいきません。ですから他から幸福を得たいというようなことを考えないで、自分の誠心を養うことにもっぱら力を尽くさなければなりません。自分の誠心が足りないのに、他の成功を羨《うらや》んで自分もその真似《まね》をしてみても決してうまくいくはずがないのです。

現世利益をそのように求める限りは、真の幸福は得られません。なぜなら『福』という字は「一口《ひとくち》の田《た》んぼを示《しめ》す」と書かれてあるからです。多分自《みずか》ら「足《た》りるを知《し》れ」ということでしょう。因《ちなみ》に私達は『得道』によって、これまでの辛《つら》い人生に一《いち》を得て、幸《しあわ》せの字となった訳ですから、「足りるを知って」精進《しょうじん》すれば「美しく生きる」というその人間の本分が果たされるというものです。

それと同様に、聖人を羨《うらや》んで、その教えの通りにしようと思っても、聖人には聖人として外に知られたくない苦心があるやもしれません。

聖人自身の努力した様子を詳《くわ》しく調べてみると、必ず人のうかがい知ることができないような苦心や努力というものがあります。

『道』は、ぼんやりしていて到達《とうたつ》するということのできるものではありません。艱難辛苦《かんなんしんく》のその苦心と努力があってはじめて、道に到達した訳ですから「我《われ》を観《み》て」つまり、他の人の成功したのを見てこれを羨《うらや》んだり、物を食べたいと思って口を開いているような心持ちでは、誠の『道』には到達できません。

周囲の境遇《きょうぐう》がどうであろうと、どのように思っていようとも、そんなことを気にしてはならないのです。誠の信仰は、あくまでも神と自分ですから困難を冒《おか》し、艱難《かんなん》を凌《しの》いでいくという決心があってなされるものです。

易に「文明《ぶんめい》にしてもって止《とど》まるは人文《じんぶん》なり」とあります。

「文明」とは徳《とく》を養《やしな》い智《ち》を磨《みが》くということですが、ただ単に人に対して信義《しんぎ》を守るとか己《おのれ》の責任を全うするというような心掛けを言うのではありません。

つまり「もって止《とど》まるは人文《じんぶん》なり」とは、「我《われ》を観《み》よ」で、現世《げんせい》における人の心は、人を排除《はいじょ》しても、自分さえ先に立てばよいという世情《せじょう》の中にありますが、止《とど》まるところがなければなりません。自分を観て制《せい》するところがなければなりません。

それが本当に人間としての美しき行いであるからです。

もっと忠実に、何処までも自分の信念を貫《つらぬ》いていこうという心持ちになったならば、それが自分を有用にして幸福にする道となるのです。

その決心さえ動かなければ、自然に自分の進んでいく道が目の前に開けてくるはずです。

人生明解《じんせいめいかい》

第三十一章

☆　お便り

私は『得道』は授かっていませんが、先日友人より会報を見せていただき、自分の運というものを知りたくお便りしました。

先日火事に遭い、何もかも焼けてしまいました。

ヨクヨク運が無いとつくづく悲嘆に暮れています。

これまでもそうですが、モウ何もかもがうまく行かず悲観的な気分で過ごしています。

ある人は因果応報といい、これまでの行状を戒《いまし》めますが、決して私はズルをして人生を送ってきた訳ではありません。

『得道』に関しての内容は友人から聞きましたが、果たしてという疑問もあり、直接問い合わせた次第です。

私の前途《ぜんと》の吉凶を易に問うて、回復の有無をお知らせください。

人生を良くするには、一なる『こころ』を回復させなくては・・・

道標

初め无《な》くして終わりあり

「易に問うて」と皆さんはそう言いますが、これは大いなる間違いで、決して易は前途を占うためのものではありません。

易という字は日《ひ》と勿《なか》れという字が組み合わさって出来ている字である限り、日は天を表し、形あるものは勿《なか》れと、地を表している訳ですから天地自然の理を明らかに解き、そしてその謂《いわ》れを知って、人生とは何かを易するところに意義があります。

天の道というものは絶えず行われ、少しも休むことも滞ることもなく春夏秋冬を常に繰り返していますが、これまで不順でもって天行《てんこう》を繰り返したことは一度もありません。

常に引き継ぎ、原因結果を繰り返して今日がある訳です。

それでも天の道は少しも狂いは無く、春夏秋冬の移り変りも狂いは無く、日月の運《めぐ》り行《ゆ》きも狂いはありません。

人の一生は、この世に誕生して死を迎える迄とされますが、それはそれですべてが終わった訳ではありません。

天の道が続くと同じように万々年生死を繰り返し引き継がれて今日があります。

それを輪廻、つまり因縁と称します。

ですから前途の吉凶を占って良い易が出たとしても、これまでの行状があまり良くなければ運はあくまでも引き継ぎですから、良い結果に恵まれると考えることは早計です。吉凶を自然の成り行きに任《まか》せるという気分が往々《おうおう》にして多いのですが、吉凶というものは外から与えられるよりは、むしろ自分の心の持ち方によって定まると考えを改めていただきたいのです。

そのように考えを改めれば、因縁の因《いん》という字の中に、始まりを意味する『一』という数字が見られますが、因《いん》は「もと」と読まれるように『一なる因《もと》』が入っているからに外なりません。したがい人は『一』という物事の始まりを背負いながら何処《どこ》迄も、何処迄も、因縁因果をもって生死を繰り返し生き続けているという証しなのです。

ところが易の字には、太陽の陽の字と違えて『一』が文字の中に入っていないので易でもって人の人生を変えることはできません。

『一』は一陽と称せられて霊の本源、根本、つまり心です。

故に『一』は「はじめ」とも読まれるのです。

その本源、根本なる心が囲《かこ》われて、「初《はじ》め无《な》くして」因縁因果の囗《わく》から出られないので、これ迄の悪因《あくいん》を消滅し難く改め難いのです。『得道』でもって因縁の囲いを解消し、そうして『一』なる霊の根源の働きを蘇《よみがえ》らせて、もう一度初めからやり直すことが望まれます。

天の命に適《かな》うような、間違いのない心持ちでもって人生を歩めば、誠に具合《ぐあい》の悪い境遇《きょうぐう》であっても、その志《こころざし》は行われるはずです。つまり苦しい境遇を通り抜けるには何といっても私（因縁）を捨てるということが大切であるからです。

原点の『一』にかえって、正しい道を守るという心でもって、一身の利害得失《りがいとくしつ》などには囚《とら》われないという堅固《けんこ》な志を立てることが幸運への転換《てんかん》となります。

一生は随分と苦労は多い。しかしながらその苦労の中を越えていくのに十分の決心と十分の覚悟をもってすれば、何時までも困難が続くものではありません。

やがて平安な時が来て、本当に生き甲斐《がい》のある一生を送ることができるはずです。

「初め无くして終りあり」で、これまでは苦しい境遇であったけれど、終には幸福な境遇に移ることが適うという訳です。

天地自然の教え

『一』にしたがって終わる

消息盈虚《しょうそくえいきょ》とは、天地の間《かん》におけるすべての変化をいいます。天地間には春夏秋冬の気候の変化があり、春夏の間《あいだ》盛んであった草や木が秋や冬になれば萎《しぼ》んでしまいます。

しかし萎んだままではなくて、また春になれば木の芽が吹いてくるように、草も萌《めば》えてきて新しい年を迎えます。そのように天地の間《かん》というものは始終《しじゅう》変化していきます。これが所謂《いわゆる》『天行《てんこう》』と呼ばれるもので、天地自然の運《めぐ》りです。

その『天行』の本源は「一にしたがって終わる」、つまり方針を変えないということです。

その方針を変えないということが所謂平安を招く根本となる訳で、むやみにグラグラ変

わってしまうと、平安であったものが平安でなくなってしまいます。したがい人はこれを見習うことが大切である訳です。

火事に遭《あ》った身の上だとしても一概にガッカリしないで、これから初心『一』にかえってできるだけ努力して、そうして全力を打ち込んでいけば、決して回復することも望めない訳ではありません。骨折りさえすれば、その骨折った結果は無駄にはなりません。

十分に行いを慎み、また努力を重ねていけば必ずその功があるはずです。

今までのやり方にも随分と間違ったこともあるでしょうから、その間違いをスッカリ改めて、人の意見も聞いて、そうして一つ生まれ変わったつもりで努力を惜《お》しまないことです。

今までのところは不都合ばかりが多いから、自然勇気もなくなって、仕事をするにもどうも思わしくなかったということも察せられます。

火事を起点《きてん》として心を新たにし、一つこれから元気を奮《ふる》い起こして何処までも働こう、そうして今までの不愉快であったことなどはモウ昔語りにするようになって、明るい生活に入ろうという決心が最も大切かと思われます。

誕生が『一』からの最初の出発点であれば、一生は最初から最後まで、つまり『一』の延長である訳ですから、私心を捨てて『一』なる道に従ったことをしていけば『耳目聡明《じもくそうめい》』で、必ず正しい分別がついていくことでしょう。

人生明解《じんせいめいかい》

第三十二章

☆ **お便り**

私は四十歳を超していますが、これまで独立して店を持ちたいという願望があって、長く個人商店の店員をしています。しかし、同じような望みを持つ若者が多くいて焦っています。

いつまでも店員の立場ではいれないので、もうそろそろと時機をうかがっております。しかし世の中を見るとなかなか少しばかりの資本で商売を始めても、うまくいかないで店を閉めてしまっている所も多く、少し不安になってきます。更なる前進を考えると、この際独立しようか、それともモウ少し長くここで勤めていようかということに迷いが起きて悩んでいます。自分の考えでは決心がつきません。どうか良き指導をお願いします。

道標

柔進《じゅうすす》んで上行《じょうこう》す

「柔進んで」とは、力のない者がだんだんと進んで、力のある人に認められていくということ。「上行」とは上の方へ進んで行くということで、上の方に進むには上にいる人が引き上げてくれなければ進みません。

これはつまり、自分の誠意が有力者に認められることに依《よ》って将来が安全であるということを表しています。

独立するというのは、つまり人の世話にならないで、独り立ちでもって生計を立てるということですから実に結構なことですが、その独立という意味がよく解らないで、何でも人に使われていてはつまらない、自分が一家の主人になりさえすれば、それが独立であるというふうに解釈する人が往々にしてあります。

店員などというとどうも幅《はば》が利《き》かないので金を貯めて、そうして自分で店を持って主人になりたいと、そういうような考えの人が随分と多いのですが、長く勤められてきて、そして独立を考えるという人が多くいる店の主人はキット立派な人であって、その待遇なども決して悪くなく、その店の中の秩序もよいように思えます。

もしよい待遇がされていなければ、独立しようなどという望みも起きないのでは、ないでしょうか。ただ働いているだけでは、いつ迄経《た》っても独立の資本などは得られないのですから、独立しようと思う限りは、かなり待遇がよいに違いありません。

そこで　そのよい待遇の所を捨てて自分が新しく身を立てようという場合には、よくよく思案した後でなければ決断は下されません。

これは、今の時世において、軽々しく決定しては後悔の因になるように思えるからです。失敗することのないようによく考えて、今しばらく辛抱する方がよろしいかと考えます。そうして十分商売の道にも精通《せいつう》して、また主人も「お前もモウこれだけになったのであるから独りで仕事を始めてもよかろう」といって賛成してくれるようになってから独立した方が得策《とくさく》ではないでしょうか。

天地自然の教え　その一

位《くらい》当《あた》る

「位当《あた》る」というのは、上に立つ人は上に立つだけの徳《とく》を具《そな》えており、また下にいてこれを輔《たす》ける人は、その輔《たす》けるだけの実力があります。

そのように銘々《めいめい》の地位が皆、適当《てきとう》な位にいるから、ことは益々順調に運んでいくことになるという意味ですから、このようにみますと今の境遇を決して不平に思ってはなりません。

人に使われて恥《はず》かしいという考えは、根本から間違っています。

命令するのも一つの大切な仕事ですし、命令されて動くのもまた欠くべからざる仕事なのです。

その命令する人と命令される人が相俟《あいま》って世の中に大きな貢献《こうけん》が為《な》されるのですから、使うのが偉いのでもなければ、使われるのが恥ずかしいのでも何でもないのです。

独立するということは自分のすべきことを自分の力で成《な》し遂《と》げることをいうのであって決して人の下に使われていて独立ができないという訳ではありません。

自分に与えられた仕事を完全に果たしていけば、その人は本当に独立した人なので、何も恥ずかしいことではありません。

人に金を借りて店を創《はじ》めても、仕事がうまくいかなければ、それこそ恥ずかしいことで、これは独立の人でも何でもないのですから、決して一軒の主人になりたいというようなことのみを考えないで、自分に与えられた仕事に全力を打ち込んでいくということを大切に考えなければなりません。

天地自然の教え　その二

前《ぜん》という字の真実、後《ご》という字の真実

お尋ねの中に「前進を」という言葉がありますが、これはキット益々発展して成功したいという欲心を表しているかと思います。

したがい、この世では大を成すことは富むことであり、豊かになることを指し、幸福であることは何もかもに恵まれて人からの羨望《せんぼう》を受けることだと信じられ、そして思われています。

しかし文明文化が最高峰《さいこうほう》を極《きわ》める今の世にあって、安心が身近に感じられないのはなぜでしょう。

高度な文明文化を築《きず》くことに依《よ》って、人類の悩みは解消され幸福になると信じられてき

たこれまでの歴史は、過去に比べて益々困難となってきています。

天道ではこれを後退《こうたい》とみています。

「後《ご》」という字で見れば、彳《ニンベン》は人が行うという意味のヘンです。

「幺」は「いと（糸）」という意味です。

「夂」は、下に向けた様で、下《くだ》り行くという意味で、「降《くだ》」るの原字です。

したがって「後」は、行えば行う程に原因結果を積み重ねて苦しみが増していくと、字はハッキリと示しています。

以上のように字を分解してその意味をみると、日頃使用している言葉や文字は私達に真実を語ってみせてくれています。

「前進を」というその気持ちは富むこと、或は豊かになることだとしたら、それは大きな間違いで、豊かになればなるほどにそれ相応の因果を積み続けて、逃れられない状況に陥《おちい》ることになります。

つまり分かりやすく言えば、千円の苦労と万円の苦労は違うということです。

金額の負担が増せば増す程に苦労が、それに応じて覆《おお》いかぶさってくることになりますから、決して商売に成功している人が幸せかというと、そうではないのです。

維持《いじ》することと、お金を工面することなど御苦労は山ほどあり、その心は物欲に向けられて醜《みにく》いものです。これを果たして「前進」と言えるでしょうか。

世人《せじん》はそれとは知らず欲望を募《つの》らせて、益々豊かに発展を遂《と》げようと必死に「後退」しています。

前に進むということは出発点つまり起点がありますが、後ろに進む限り終着点、つまり安住の地はありません。

名利恩愛《めいりおんあい》から離れて心豊かに暮らす人は、何ら悩むこともなく、質素にして感謝が満ちています。それは幸福であり、心富むからにほかなりません。

福という字は、一口《ひとくち》の田《たんぼ》を示《しめ》す、です。

富という字もまた、一口の田とウカンムリで、つまり宇宙の中にその真実が、字で示されています。

すべてこの世の成り立ちの本は『一』である訳ですから、『一』を得ることが富むことであり、幸福に暮らす唯一の条件となります。そのような意味が「前」という字に示されています。

前という字は、䒑《ソイチ》と月《ツキ》と刂《リットウ》の三つの字で構成されています。

陰《いん》は陰月《いんげつ》とか、光陰矢《こういんや》の如《ごと》しとかいわれるように月を意味しますが、同じように私達の身体の臓器臓物《ぞうきぞうもつ》の名称には「月」の字が付随《ふずい》しています。それはつまり私達の肉体は陰部《いんぶ》より誕生したという証しでもある訳ですから、前という字の「月」は肉体を表します。

そして刂《リットウ》は、刀を意味しますから、物を切ったり削《けず》ったりする働きを表しています。

䒑《ソイチ》は「忄・リッシンベン」つまり、こころという字が変化した文字です。

以上の三文字を相互して『道』なりに解釈すれば、肉体から生ずるところの因縁を切って、『二』なる心を得ることが「前」に進むということになります。

したがい「䒑」を持つ文字には、道、善、喜び、嬉しい、尊《たっと》ぶ、羨《うらや》ましい、養《やしな》うなどがあります。

つまり因縁を解脱《げだつ》して誠の幸せを得ることが、人としてこの世に生まれて「前進」するということになります。因《ちなみ》に解脱とは、月（肉体）の兌《よろこ》びを解《と》くということです。

この世に執着《しゅうちゃく》してそして後退し続けることは豊かで非常に便利のように思えますが、字による真理から言えば、苦を味わうことは目に見えています。

それよりも悟って前進し、そして幸せを得るか、それはそれで各々解釈の仕方次第ですから、強制することではありません。

人《じん》生《せい》明《めい》解《かい》

第三十三章

☆　お便り

先日、先生の出版された「人生をひらく秘密の宝もの」を読ませていただきました。繰り返し読むうちに、理解がつくと興味が湧《わ》き出してつい惹《ひ》き込まれて読んでしまいました。この手紙が着く頃には三度目の読み返しとなると思います。

読んでいるうちに、このご本をお寺の住職《じゅうしょく》さんに読んで頂ければと思い、早速あくる日に二冊買って近くのお寺さんのポストに「謹呈《きんてい》」と書き込んで投函《とうかん》しました。

もちろん私の住所も名前も記入してですが、何か嬉しくなってきました。ご迷惑をお掛けするかもしれませんが、仏教も天道も同じ道筋とお聞きしましたので、これを機会に、お寺の住職さんにも読んで貰えればと、願っています。

また遠方のお寺にも郵送することも考えています。どうなるか分かりませんが、ポスト投函の件、無駄となるやもしれませんが、よろしくお願いします。それに、世の中があまりにも狂気、天候は異常です。これをどう理解すればいいのでしょうか。

終末は近いとお聞きしていますが、いかがでしょうか、教えていただければ幸いです。

道標

仏教と天道は同じ道の仲間

お手紙をいただき感激しています。

私も同じ考えでもって近郊《きんこう》の寺社に本を配っています。世の中があまりにも狂気、天候は異常ですから、一人でも多くの方が『法』を授かり、あらゆる災難から逃れて頂きたいと切望《せつぼう》しています。

これまで一般の方々に伝道し『得道』を授かっていただきましたが、本を出版しそして読み返しているうちに、フトあなたと同様に、本来の仲間であります仏教の方々に読んで頂くことを考えました。そして早速行動を始めました。

近辺の寺院には「謹呈」と記して、投函致しましたが、徒歩《とほ》では及ばない所はメール便で送ることにしました。

天道の趣旨《しゅし》は『万教帰一《ばんきょうきいつ》・普渡収円《ふどしゅうえん》』にありますが、その『万教帰一』は仏教の始《し》

祖《そ》・釈迦の趣意《しゅい》、つまり目的とするところです。

「すべての教《おし》えは一《いち》、つまり原点《げんてん》に帰《かえ》す」、つまり天道に謂《い》われるところの『一』を得る『得道』にほかなりません。

仏教が始まった当時、『悟りの道』は単伝《たんでん》でしたから、一師《いちし》から一弟子に伝える以外、他の弟子は隠されて得ることができなかった天の秘密の法でした。

以後釈迦の弟子・二十八人そして禅宗《ぜんしゅう》に於ける六代祖・慧能祖《えのうそ》までの六人、計三十四人が『悟りの道』を秘密のうちに、誰にも洩《も》らさずに伝えて今日に至っています。

伏義氏《ふくぎし》から『道』の伝えが始まって、東土十六代祖・弓長祖《ゆみながそ》（天然古仏《てんねんこぶつ》）まで伝えられてきた『天道』の道統《どうとう》には、六十四人の祖祖《そそ》が関わってきていますが、そのうちの三十四人が仏教に僧籍《そうせき》を持つ方々です。

禅宗の六代祖・慧能祖以後『道』は仏道から離れて儒家《じゅか》へ、そして一般の火宅《かたく》の人へと道脈《どうみゃく》は流れて今日を迎えていますが、今こそ一本の『道』に戻すことを真剣に考える時ではないでしょうか。

仏教なくして『天道』はあり得ないのですから。

単伝独授《たんでんどくじゅ》で伝えられてきた大きなよじれを修正することは至難《しなん》の業《わざ》ですが、白陽到来《はくようとうらい》は間近かに迫っています。

『道』を得ることができた私達が感謝を表す為にも『天道』と『仏教』が一つになって仲良く道を歩むことが大事です。

私達の生活の中には儒教《じゅきょう》の教えが数多く含まれており、そしてその生活の中に仏事《ぶつじ》が入っていて、何ら抵抗もなく過ごしているのですから、本来は一つであると言ってもおかしくありません。

ただ人が区別をして分《わ》け隔《へだ》てをしているだけで、よく考えてみれば『道』は元々一つである訳ですから仲良くできないという方はありません。

私達は道親《どうしん》と称し『天道』を最高のものとして誇っています。

確かに『天道』は「お天道様《てんとうさま》」と称せられますように崇高《すうこう》にして最高の道ですが、道教儒教・仏教があっての『天道』であることを忘れています。

これからは仏教に『道』を戻し、伝えていくことが何より大事だと思います。

今後とも宜《よろ》しく、共に伝えていきましょう。

天地自然の教え　その一

『無駄』は天道に於ける極意

一説によれば、私達の大宇宙は約二百七十億年前に創造されたといわれ、地球は約四十億年前となっています。

この永い時の経過の中にあって何が有益で、何が無益か、その選別はできません。何一つ満足にして収まっているものがないからです。

ただその時の便宜《べんぎ》で以て喜んだり利用したりしているだけで、時が過ぎれば無用のものとなってしまい、次のものが求められます。日々の生活に於ける名利恩愛《めいりおんあい》にしても、富貴《ふうき》貧賤《ひんせん》にしても永久不変《ふへん》のものではありません。

一代切り、二代切りと時代の流れの中に翻弄《ほんろう》されて変化を遂《と》げています。

そのような私達の世界であることを一日でも早く悟るかどうか、ここに天道の教えがあります。

悟りの『道』もまた人間に始まって、五千年という永い年月を経て今日があります。

その間の無駄があってこそ私達は縁を得ることができたのです。

『道』が有為であったり、有益であったならば、私達の眼前に今『道』は存在することはなかったでしょう。

無為や無益という無駄があったからこそ、今日私達は『得道』を授かることが適ったのです。有為や有益は適えばそれだけで終わってしまい、次の有為、有益が求められる訳ですから、これは決して不変ではありません。

無為や無益は適《かな》うことなく求め続けられるもので、それは姿なく形なく無駄のように思われますが、その働きは限りなく効果が為《な》されています。

たとえ失敗しても尚《なお》工夫を凝《こ》らして成就《じょうじゅ》への道を目指すところに、無駄という言葉の意義があります。

欲《よく》の世界では無駄は嫌われますが『道』に於ては最も必要且《か》つ大事とされるものです。

無駄の無は無限、無量というように止《とど》まることなく続くことを表し、駄は驢馬《ろば》の如く黙々と歩き続けて、駿馬《しゅうめ》が一日で駆《か》けるところを幾日もかかって十里でも百里でも千里先までも辿《たど》り着くという、その忍耐強さを表しています。

『得道』を授かってはじめて「天の命」に近づくことになりますが、過去五千年間の苦労を思えば、祖祖《そそ》のその無駄があってこそ、私達は幸せの道を得ることができたのです。

本を配って『得道』に結びつけば幸いですが、どなたにも縁《えん》を繋《つな》ぐことができなければそれでも厭《いと》わず、無駄を承知で縁者《えんじゃ》を探《さが》します。

それ程『得道』に縁を得る人は『天道』にとっての宝者《たからもの》であるからです。

多くの人が事故や災難で冥途《めいど》へ旅立って、四生六道の地獄道を余儀《よぎ》なくされています。「玉石分般《ぎょくせきぶんぱん》」のこの時期、一人でも多くの宝者を捜し出して理天極楽《りてんごくらく》への『道』を伝えることが無駄という行為にかかっています。

道書《どうしょ》に『無為《むい》の道《みち》、天《てん》より来《き》たりて挽《すく》う』とあります。

天より下ってきた心ある人々は道の源《みなもと》を早く悟って『得道』を求め、そして心の故郷に帰り着けば、私達の心の旅、無為は終わるのです。

この世三界に於ける私達の心の変遷《へんせん》は、『得道』を探し求めて授かる為の旅路でもあります。その為の無駄が人間の歴史でもある訳です。

無駄がなければ成道《じょうどう》することも、了道《りょうどう》を果《は》たすこともできません。

無駄は『道』の極意です。

天地自然の教え　その二

六十年に一度周《めぐ》る、丙戌《ひのえいぬ》の歳《とし》

終末《しゅうまつ》、末劫《まっきょう》といわれて幾数十年も伝道に携《たずさ》わってこられた前賢《ぜんけん》様方（先輩方）にはもう耳慣《みみな》れしてしまって、聞き耳持たずかもしれません。

確かに世の中の様子を見ていると、末劫《まっきょう》さながらの様相といっても過言ではありません。

人としての正義はもう見込めない状態で、その中にあって天変地異が世界の到る所で起きています。

元を正せば人の心の穢《よご》れが起こしたものと、神仏は見ています。

「もし人心《じんしん》が正《ただ》しければ天下《てんか》は和順《わじゅん》し、
風雨《ふうう》調《ととの》い、五穀《ごこく》豊《ゆた》かに登《みの》るなり」

と東土十五代・王祖《おうそ》の書「歴年易理《れきねんえきり》」に記されています。
さらにこの後白陽を迎えれば、

「飢《う》えと寒《さむ》さなく、人本分《ひとほんぶん》に安《やす》んじ、風俗淳古《ふうぞくじゅんこ》
にかえり昇平《しょうへい》（泰平《たいへい》の世《よ》）の楽《たの》しみ享《う》く」

とあります。人の心が安らかで純粋であったならば、もう既にこの世は極楽浄土と化していて、人々は平和の中に暮らしを続けていることだろうといわれますが、しかし今の世情を見渡せば惨憺《さんたん》たる状態で『道』の入る余地がない程です。

その穢《よご》れは今に始まったことではなく、人間の歴史と共に次第に始まり、そして今では既に、その穢れは頂点にまで達してしまっていて、挽回《ばんかい》は不可能な状態にあります。

世の人々はそのような危険な状態にあっても、今の高度な文明文化の中にあっては反省することも振り返ることもなく、ただひたすら先を求めて走り続けることでしょう。人々のその姿は、結局「マタイ伝」二十四章、イエスの言葉通り過去と同じ過ちを選択するかもしれません。

「ノアーの大洪水の前、人々は何も知らず
食べたり飲んだり、嫁《とつ》いだりしました。
こんどもその時のように、
思いもよらぬ時にそれが来るのだ」

歴史は繰り返されるといわれます。

ノアーの時のように、今の時代の人々は悲惨《ひさん》な結末《けつまつ》を迎えてしまうかもしれません。

天は無言にして無為、無言にして無常、それによって宇宙に天理を循《めぐ》らせ、そして無情にして因果を森羅万象《しんらばんしょう》万物《ばんぶつ》に果《か》せています。

宇宙に陰陽の気を循環運行《じゅんかんうんこう》させている『道』は森羅万象万物の状態、状況を常に把握《はあく》して時を馳《は》せています。

何一つ洩《も》らすことはありません。

この世に霊魂《たましい》を降ろし、そしてふたたび天に戻す時運《じうん》を計ってその時節《じせつ》を定《さだ》めています。

神の子を『一』なる理天極楽《りてんごくらく》に戻すという準備の章程《しょうてい》（規則、法律、おきて）が、老中様から東土《とうど》十五代祖・王祖《おうそ》に命が下《くだ》されたのは一八八六年の丙戌歳《ひのえいぬどし》、今年《ことし》から数えれば百十九年前となります。

東土《とうど》十五代祖《だいそ》・王祖帰天《きてん》（一八八六年丙戌歳）後の御聖訓《ごせいくん》『歴年易理《れきねんえきり》』によれば、

書章《しょしょう》を写《したた》めて天下《てんか》に遍《あまね》く伝《つた》え、世人《せじん》に早《はや》く道源《どうげん》を悟《さと》ることを勧《すす》む。
皆《すべ》て是《こ》れ三会《さんかい》の期満《きみ》ちたるに因《よ》る。
吾《われ》、下世《げせい》して乾坤《けんこん》を挽《すく》い転《かえ》らすなり。
此《こ》の一回《ひとたび》は常《つね》の変更《へんこう》に非《あら》ず、混沌《こんとん》を分《わ》け、妙諦《みょうたい》を普伝《ふでん》するなり。～～以下略

(更に)
末劫《まっきょう》を救《すく》うに真禅《しんぜん》（天道）出現《しゅつげん》す。
丙戌《ひのえいぬ》（一八八六年・王祖帰天）の機縁《きえん》を錯誤《あやま》る休《なか》れ。～～以下略～とあります。

六十花甲子表

甲子1	甲戌11	甲申21	甲午31	甲辰41	甲寅51
乙丑2	乙亥12	乙酉22	乙未32	乙巳42	乙卯52
丙寅3	丙子13	**丙戌**23	丙申33	丙午43	丙辰53
丁卯4	丁丑14	丁亥24	丁酉34	丁未44	丁巳54
戊辰5	戊寅15	戊子25	戊戌35	戊申45	戊午55
己巳6	己卯16	己丑26	己亥36	己酉46	己未56
庚午7	庚辰17	庚寅27	庚子37	庚戌47	庚申57
辛未8	辛巳18	辛卯28	辛丑38	辛亥48	辛酉58
壬申9	壬午19	壬辰29	壬寅39	壬子49	壬戌59
癸酉10	癸未20	癸巳30	癸卯40	癸丑50	癸亥60

干支暦表《かんしれきひょう》によれば、丙戌の歳は六十年に一回周《めぐ》ります。

一八八六年の丙戌歳から数えて、その次の丙戌歳は一九四六年、この年に恩師《おんし》の命を受けた中国全各地の多数の伝道者が台湾および韓国に向けて、開荒《かいこう》〔『道』がまだ伝わっていないところへ行って『道』を伝える〕に出発した年に当たります。

さらに六十年周《めぐ》ると二〇〇六年、平成十八年は丙戌の歳に当たります。

一八八六年より数えて百二十年目が来年に訪れることになります。

つまり『大道』にとっては大きな節目の年となるのではないかと思われます。

後天の八卦

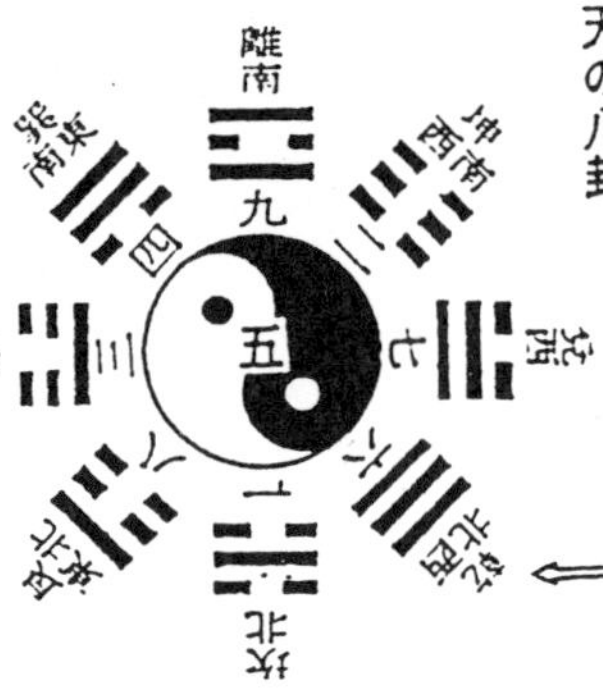

九星術

易によれば丙戌の戌の方位は西北の位置にあり西乾《せいけん》（西天《せいてん》）に座しています。

つまり易では西天より周って、そして西天に戻るとなります。

なぜ丙戌の干支が『道』の節目となるのかと問われれば、それは陰陽易学上《いんようえきがくじょう》の話で、難しくなってしまいますので、ここでは省略させて頂きます。

只言えることは、来年の丙戌の歳は陽が最も極《きわ》まる年に当たり、さらにその陽が極《きょく》に達《たっ》する重陽《じゅうよう》の日が九月九日に当たるということです。

終末や末劫は兎も角、道にとっては大きな節目となるやもしれません。

人生明解《じんせいめいかい》

第三十四章

☆ お便り

会報を送っていただき、ありがたく『道』を学ばしていただいております。

これまでいろいろと精神面での本を読みあさってきましたが、漢字でもってこれ程まで悟りの道が語られるとは思いもしませんでした。非常に嬉しく感謝申し上げます。

この度お便りを差し上げましたのは、『得道』を授かったおり「守玄《しゅげん》」についてご説明いただきましたが、私なにぶん浅薄でそこのところがよく理解できませんでしたので、天道の神髄と目される「守玄」についてご教授下されば幸いです。

道標

悟りの一点とは

この世人間世界において最も偉いと称されて、最もすぐれた人として敬《うやま》われる者は、王と称されます。

王という文字は、上の『一』は天、真中の『一』は短く人を示し、

下の『二』は地、
つまり天地人の三つを表します。

三本をまとめている縦《たて》の一線は、
天地人をつなぐ線、
つまり先に天に伺《うかが》いをたて、続いて地に尋《たず》ね、
そして天地自然のその働きを悟って国民に伝え、
そして国民の生活が豊かになるように導《みちび》くのが
王たる所以《ゆえん》であるという暗示が含まれている文字なのです。

その王ですら、ぬかずいて頭を垂れ、そして祈るのは神！
その神に対する崇敬《すうけい》に『主《しゅ》』という文字が使用されています。

キリスト教では、宇宙創造神を「天主《てんしゅ》」とし、回教《かいきょう》では「主・アラー」と崇敬するように『主』という文字は、王という文字の上に一点が記されて王以上の位が位置づけられています。

何故《なぜ》か、つまりその一点が神の印《しる》しであるからにほかなりません。
天道では神の印しの一点を『悟りの一点』といいます。

天上《てんじょう》天下《てんが》唯我《ゆいが》独尊《どくそん》

神の子と称せられる私達の霊《たましい》は、人間の肉体を借りてこの世に住む為には、その神の印がある『悟りの一点』つまり『霊《れい》の正門《しょうもん》・玄関《げんかん》』より肉体に入り込まなければ、この世に生を得て存在することが適いません。

天道では霊《たましい》の出入り口を一日も早く悟るようにと伝道しています。

悟りの効果

世の人々は自らの心、すなわち霊が存在することは知っていても、その『こころ』が自らの肉体のどこにいるのか、そしてこの世でどのような一生を送るのか、皆目知っていません。

それは誠に愚《おろ》かなことと言えますが、それよりもっと大事なことは、この世において随分と損をしているということです。

自らの『こころ』の存在を知って人生を歩めば、どれ程の得（徳）がいただけるのか、それは明師《めいし》（点伝師）の一指《いっし》をもって『霊《れい》の正門《しょうもん》・玄関《げんかん》』を開破《かいは》していただいた者にしか味わうことができませんが、まず心の奥底から美しさ、やさしさが湧《わ》き出《い》でます。

『得道《とくどう》』を授かった人の顔は一瞬に、或は数日もすればまろやかに変化しています。つまりそれはこれまでの人生と授かった後の人生が違えてきたという証《あか》しでもある訳です。またそれは芯から美しさが表面に顕《あら》われたという証しにもなります。

この心からの美しさは化粧や化学といった化け学《ばがく》では到底作り出すことができません。ただ言えることは「気は心」ですから、『得道』を授かって『こころ』の存在を悟った時から、その気の働きがこれまでと違って清浄《せいじょう》な流れとなり、身体の隅々迄《すみずみまで》も行き渡っていくことになるからです。

悪気《あくき》、邪気《じゃっき》、愚痴《ぐち》、陰気《いんき》などといった、本来好ましくない心づかいを遠ざけて、玄関の一点の『こころ』を誇りとして人生を歩めば、次第に心身とも本の『神の質』を取り戻すことができます。

神の質を取り戻すことができれば、自然と神通力が芽生え、『得道』において教示された「あらゆる災難にもその身は守られる」というその言葉は、実は自ら為《な》す所業《しょぎょう》でもある訳です。

人生もまたしかりで、『こころ』を悟った後の人生は、不思議と順調となり、殊《こと》の外《ほか》思いが叶《かな》うことが多くあります。

天道は真《まこと》の道《みち》、真《まこと》の信仰《しんこう》を皆様にお伝えしている訳ですから、その道を授かった限りは神仏に近づき妙《みょう》なるものが備《そな》わるので、神仏の姿を思い浮かべればその姿その歩みを、みずからの人生に重ねることができます。

それが本来の心『仏心《ぶっしん》』と称せられるものなのです。

六万年来の因縁因果の輪廻《りんね》において、汚《けが》れの中に埋没《まいぼつ》した「こころ」に活力《かつりょく》を与えて霊を救うことが適《かな》うのが天道の『得道《とくどう》』である訳です。

『得道』を授かり、悟りの一点が顕《あきら》かになれば、その一点、霊の正門・玄関をしっかりと守って、さらに『こころ』に磨きをかけ、そして神仏の力を蘇《よみがえ》らせるには「守玄」は欠かせないのです。

成仏の確信は『守玄』以外になし

悟りを開いた後のお釈迦様は、仏教伝業《でんぎょう》の途中で幾度も病《やまい》に倒れ悩まされたにも関《かか》わらず、悟りの一点『玄関』を確信していた為に、病の中でも心は安楽であったといいます。

今私達は難行《なんぎょう》苦行《くぎょう》をして法《ほう》を得《え》た古《いにしえ》の聖人達とは違い、さしたる苦労もなく法を授かることができます。

財施《ざいせ》、法施《ほうせ》、無畏施《むいせ》を旨《むね》としていろいろと法行《ほうぎょう》を課《か》して、そして現世利益《げんせいりえき》を喜びとしているのが宗教《しゅうきょう》、その大方《おおかた》は人の苦労の上に成り立っています。

天道では、まず法《ほう》を授かります。そしてその時点から様々な苦しみが癒《いや》されます。何故《なぜ》でしょうか！　それは救われたという実感を身に感じさせる神の御業《みわざ》を示したものといえます。

病《やまい》が癒《いや》された、苦労が解決した、物事が順調に運《はこ》び出した、人間関係がスムーズになった、大きな事故を起こしたが無傷《むしょう》で無事を得たなど、種々《しゅじゅ》の喜びが報告されています。

天道は真《まこと》の道《みち》、真《まこと》の信仰《しんこう》であるが故《ゆえ》に、神仏と一体《いったい》となって歩むことが適《かな》うからです。

そしてこの後三界《さんかい》、気天界《きてんかい》・象天界《しょうてんかい》・地獄界《じごくかい》、つまり霊界はますます乱れに乱れていき、天変地異といった大異変の様相をあらわにしてきますが、そのような状況下にあっても戸惑うことなく道を歩み続けていく為には、悟りの一点を授かった私達もまたお釈迦様と同様に、霊の正門・玄関を守って霊《たましい》が救われたのだという実感そして確信を得なければなりません。

そのためには道を伝えるだけではなく、どうしても『守玄《しゅげん》』は欠かすことができません。

純粋な神の心を取り戻すには『守玄』以外にないからです。

『守玄』をすることによって玄関を守り活動させることとは、肉体的な感応だけではなく次第に神と通じて一体となりますから、自らの成仏が確信できるようになります。

古の修道者の探し求めた悟りの一点、玄関をすでに知り得た者が、本当に自ら悟らんという熱意を持って日々『守玄』に励めば、古の聖人達と同じように悟りの境地に達することができます。

悟りの『一点』を得たのですから。

御聖訓に、

天道の素晴らしさは玄関にあり。

その玄関を通して霊魂《たましい》が老中様の許《もと》に帰れることを自ら確信することができるのが天道なり。

道とは外《そと》に非《あら》ず、場所に非ず。

呼吸の如《ごと》く気を玄関に感ずるものなり。

守玄の時、中《ラウム》、中《ラウム》と念《ねん》ぜよ。加霊《かれい》あり。


とあります。

守玄調息《しゅげんちょうそく》の基本法　その一

初歩的内観法《ないかんほう》

人に依《よ》りて個人差がありますが、この方法は初歩的瞑想法《めいそうほう》で、守玄に至る準備段階として誰にでも親しみやすいものです。

まず第一に背筋《せすじ》を伸ばして楽にして座《ざ》します。

次に目を閉じます。その時に瞼《まぶた》に映《うつ》る残像《ざんぞう》を追います。

残像は一定を保つことなく、次第に様々な形に変化します。

その残像を追いながら腹式呼吸を行ってください。

この時の腹式呼吸は、仙道《せんどう》でいう武火《ぶか》(下腹部や肛門の筋肉の緊張をともなう強い呼吸法)とは異なり、精神統一に重きを置いた呼吸で、鼻から吸い鼻より吐くものです。

したがい腹部は意識せず、自然な状態で行うことが好ましいです。

これを続ければ次第に残像は時間を経《へ》て、己《おのれ》の意識で変化していきます。

これを初歩的瞑想《めいそう》、内観法《ないかんほう》と呼びます。

美しい曲を聴きながら行うと、さらに効果は増します。

守玄調息の基本法　その二

守玄瞑想時の正しい呼吸法

霊の正門・玄関は仙道で言われる処の上丹田《かみたんでん》に通じています。

昔より中丹田《ちゅうたんでん》を修めれば凡人であり、
下丹田《しもたんでん》を修めれば賢人であり、
上丹田《かみたんでん》を修めれば聖人となるといわれますが、
その上丹田に重きを置き、玄関の感応を得ることが、唯一天道での守玄座行《ざぎょう》であります。

守玄の正しい呼吸法はまず、背筋《せすじ》を伸ばし、楽に座します。

次に口を大きく開け、腹部より体内の濁気《だっき》を吐《は》き出します。

それは一回ないし、三回迄でよいでしょう。

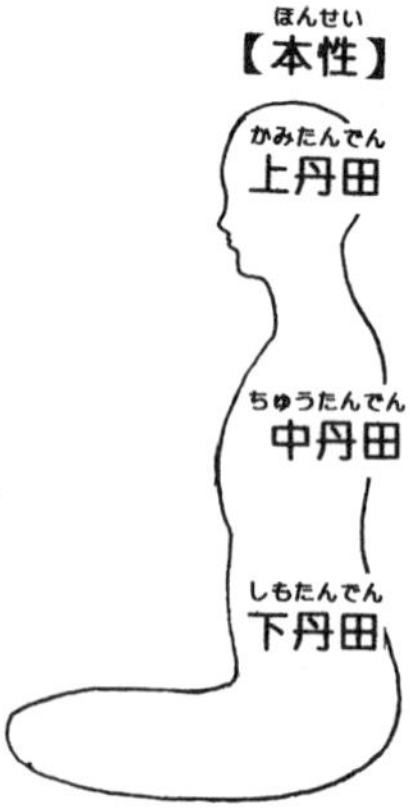

次に眼を半眼《はんがん》にし、玄関を見るように意識します。

初心者は舌の先を上あごの歯の根本に付ける「天橋《てんきょう》の法《ほう》」を学んでいないので、ここでは簡略に説明します。

まず舌の先を上あごの歯の付け根に英語のCの形になるように付けます。

それは舌の先でもって上あごに下りて来る天の気「元気」を受ける形となります。

そして口を閉じて鼻よりゆっくりと息を吸い込み、また鼻より吐き出します。

これを繰り返して行う訳ですが、その時に玄関からも元《もと》の気《き》、元気《げんき》を吸い込ように意識を高めながら同じく繰り返します。

この作法を繰り返し続けて、『玄関』に気を集中しているうちに感応が生じてきます。

ある者は玄関が重く引っ張られるような感覚を覚《おぼ》えたり、押しつけられるような感覚が続いたり、額《ひたい》が拡《ひろ》がるように感じたりします。

日々修練を重ねて行えば、次第にその感応が高まってきます。

守玄調息の基本法　その三

霊の正門・玄関より流れる元気の道筋

玄関よりの元気《げんき》が如何《いか》なる顔内《がんない》の気道を通るかを説明すれば、普通は誰でも、玄関からの元気は真っ直ぐに降下し、鼻を経て口うちに到ると考えます。

しかし鼻の穴から気管に到るには口内の空洞を通過しなければなりません。

初心者は口をもって呼吸を行うので、直《すぐ》、気管《きかん》ということになりますが、守玄本来の修法は一点による玄関呼吸法ですから舌による甘露《かんろ》呼吸法が用いられます。

玄関から吸入される元気《げんき》は天からの贈り物、天火《てんか》（純陽《じゅんよう》）と称されます。その元気は、まず大気中の汚れた気（濁陰《だくいん》）を浄化して陽の気に戻す働きを始めます。天橋はそのためには欠かせません。

舌先を上あごの歯の付け根に付ける「天橋《てんきょう》の法《ほう》」から生じる唾液が甘露《かんろ》と称されます。

少々甘味がありますが、その甘露《かんろ》は純陽の気が混ざった水と称せられるものです。

その甘露《かんろ》をのみ込みながら鼻でもっての呼吸を静かに続けます。

天から雨と称される水が降り、そして地上に溜《たま》った水は太陽の火に熱《ねっ》せられて蒸発《じょうはつ》していきます。天地自然のめぐりと同ように、守玄の呼吸法も天地自然の法則にしたがって行われます。

玄関の気は、図の如く任脈《にんみゃく》を下り尾閭関《びりょうかん》に流れます。舌は任脈《にんみゃく》の一部であり、露出《ろしつ》されているもので、口内《こうない》の壺《つぼ》を刺激《しげき》すればする程甘い露《つゆ》が湧《わ》いてきます。これがすなわち甘露《かんろ》で、天《てん》橋《きょう》から生じる甘露《かんろ》を味わいながら一挙《いっきょ》にのみ込むようにして、中丹田《ちゅうたんでん》に運ぶことが守玄《しゅげん》の第一《だいいち》関門《かんもん》となります。

舌は敏感で最も神経が密集しているものですから、舌に重要な鍵が隠されています。

舌を橋として元気が中丹田に下っていく訳ですが、天橋が為されていないと、肺に送られて、そして呼吸と共に外に吐き出されてしまいます。

玄関より流れる元気の道筋

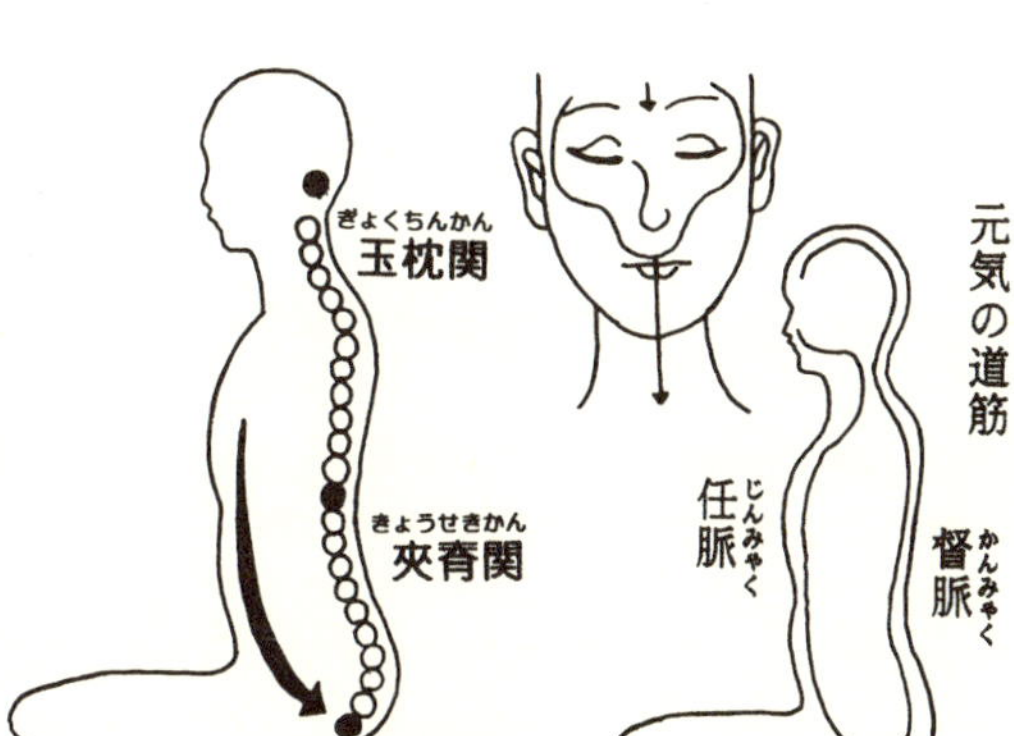
玉枕関《ぎょくちんかん》
夾脊関《きょうせきかん》
尾閭関《びりょうかん》
任脈《じんみゃく》
督脈《かんみゃく》

主玄に慣れれば座《すわ》らずとも、静《じょう》を守らずともでき、必ずや効果《こうか》があります。

守玄と神の心

魂《こん》と魄《はく》

元来私達と神との間には言葉は必要なく、いつでも玄関で通じ合うことができます。

すなわち守玄とは自らの精神の全てを玄関に集中して神仏の直接の諭《さと》しを得るものであり、神仏の意に沿《そ》った正しい判断力を培《つちか》うために不可欠なものなのです。

したがい鼻より息を吸い空気の出入りを感ずるように玄関に集中して感応し、霊《たましい》の出入り口があることを悟ることが大事です。

そうすることによって玄関よりの陽智力《ようちりょく》が加わり、自らの陰智力《いんちりょく》と融合《ゆうごう》させて妙智慧《みょうちえ》を生むことが可能となります。

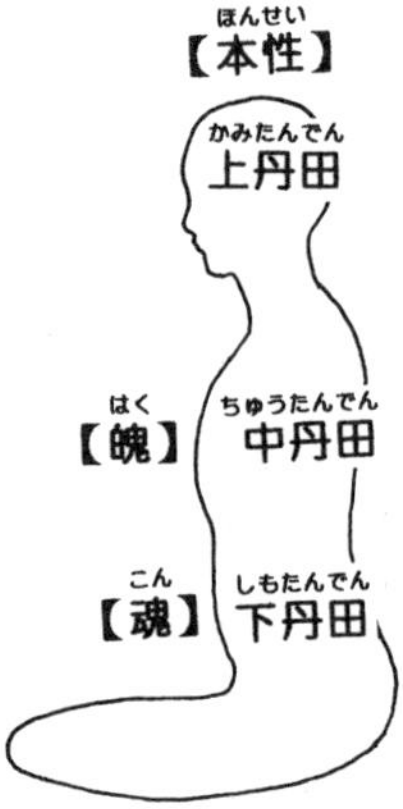

その融合《ゆうごう》する場所が胸の位置にある中丹田《ちゅうたんでん》と称されるところです。ものを食べれば胃において唾液《だえき》と食物が混合され、そして身体の各部所に養分が配られていくように、中丹田でもって陽智力と陰智力とが混ざり合って妙智慧を生み出す準備がなされるという訳です。

ですからただ単《たん》に守玄は座《ざ》するのみであってはならないのです。中丹田では玄関の感応を得る意識でもって陽智力の動を練りながら陰智力の静《じょう》を吸収していかなくてはなりません。

そのためにも無の境地へ入ること、つまり雑念を去ることが不可欠となります。つまり清浄なる気（純陽の気）を私達の霊体に巡らせ、体内にある濁気《だっき》（陰気）を浄化する最初の過程がここにある訳です。

この守玄によって霊《たましい》を浄化《じょうか》し、根本から心身を磨き清めて、私達の霊体を神の妙智と相通ずることができるようにしなければなりません。

沼地の魚は真水《まみず》では生きていけないように、私達の体が汚れたままでは神聖清浄《しんせいせいじょう》なる神の霊気《れいき》が肉体を貫《つらぬ》くとき、肉体の方がその霊気に耐《た》えきれないからです。

ここで言われる「体が汚れたまま」というその意味は、つまり人間には本性《ほんせい》と魂《こん》と魄《はく》という三つの心が宿っているからです。宿るところは違いますが、先の図の如く人間の魂《こん》は肝部《かんぶ》に蔵《ひそ》んでおり、魄《はく》は肺部《はいぶ》に蔵《ひそ》んでいます。

つまり胸や腹を指して言われる「こころ」のことで、これらは人間が呼吸している限り体うちに止《とど》まることができますが、一旦気が途絶《とだ》えれば魄《はく》は肺《はい》において亡《ほろ》び、魂《こん》は体から去ってしまいます。

一方本性《ほんせい》(誠の心)は教典に「不増《ふぞう》・不滅《ふめつ》・不垢《ふく》・不浄《ふじょう》」といわれている通り、増えることも減ることもなく、垢《よご》れることもなく、水にも溺《おぼ》れず、火にも焼かれることなく、たとえ肉体は亡んでも本性は亡びません。

つまり永遠不滅《えいえんふめつ》といわれる霊《れい》こそが本性《ほんせい》と称せられるものなのです。

これまで一つの霊《たましい》が何百回、何千回と肉体を換《か》えて輪廻転生《りんねてんしょう》し続けているのは、そこに真性《しんせい》と称される霊がいつも主体となっているからです。

肺部《はいぶ》と肝部《かんぶ》に存在する「魂魄《こんぱく》」の二つの心は肉体欲を生じ続け、煩悩《ぼんのう》を生み続ける心が求められます。これはすでに魂魄が邪悪《じゃあく》に染《そ》められた性質を有しているからです。魂魄《こんぱく》は形象《けいしょう》の中つまり大気の中にだけに存在することが許された心なのです。一方、本性は『天《てん》の命《めい》、これを性《せい》という』孔子様《こうしさま》の言葉が示されるように、性の字は左から読めば「心《こころ》を生《しょう》ず」、右から読めば「立心《りっしん》（正しい心）を生《しょう》ず」と解されます。

つまり忄《リッシンベン》は「ココロヘン」ですから。

この本性は霊の正門・玄関の中に住居して、赤子《あかご》の一声以来、出ることも入ることもなくその人の人生途上のことごとくを管理しています。

一般的に言われるところの心とは魂魄《こんぱく》のことで、喜《き》・怒《ど》・哀《あい》・楽《らく》に関与して流れ、本性を抑《お》えて勝れば官能・欲望に耽《ふ》けり、邪念《じゃねん》・淫念《いんねん》を生じさせて好き勝手をします。これが人の心、人心《じんしん》と称します。天の命を持つ本性は、天の道、善《ぜん》をつかさどる霊魂《たましい》ですから道《どう》心《しん》とも称され、正道《せいどう》を求めて善の道を行う心をいいます。

魂《こん》は人間の誕生と同時に肉体に宿り、また肉体の亡びと共に離れていきます。

魄《はく》は生まれて七七、四十九日にして肉体に備《そな》わり、肉体が亡んで七七、四十九日で消え去ってしまいます。魂《こん》が強いと魄《はく》もしたがって強くなり、魂《こん》に霊験《れいけん》があると魄《はく》も

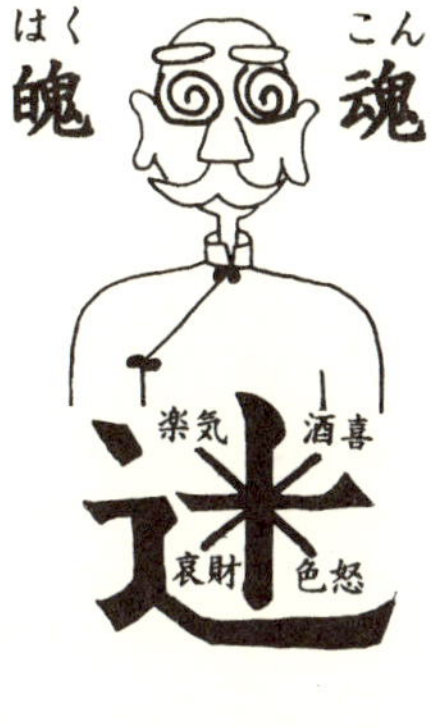

いよいよ力を増していきます。

魄は常に魂の枠《わく》となって魂を補佐《ほさ》し、人間的な感情をあらわに喜・怒・哀・楽に変化させて肉体に活気活動を促《そく》します。

つまり胸中《きょうちゅう》はいかがなものかとか、胸中を察するにあまりがあるとか、胸裏《きょうり》、胸騒《むなさわ》ぎなどの言葉や、それに腹の中は何を思っているのか、やることは腹が大きいとか、腹心《ふくしん》、腹芸《はらげい》、腹蔵《ふくぞう》なくなどの言葉があるように、人は自分の心が胸に、或は腹に存在すると信じて生活しています。

しかし真理を突く言葉に、心の目、心で考える、心を開くなど、胸や腹では到底できない言葉の遣い方をしているのは、つまり真の心、本性を示してそう言われます。

人間世界は、陰陽《いんよう》、清濁《せいだく》、動静《どうじょう》、真偽《しんぎ》といった世界ですから本性と魂魄は一体性《いったいせい》を保たなければ、互いにこの世においては存在が適わないのです。

つまり本性と魂魄は一体性のもので、分けて説明すると肉体以前の心が本性、以後の心が魂魄という心です。

本性が善をつかさどり、魂魄が悪をつかさどる象《かたち》から見て、本性と魂魄は不可分の密接な関係にある訳ですから、善因善果《ぜんいんぜんか》、悪因悪果《あくいんあっか》が人生途上に因果応報として現れるのは、これらの心に左右されているからです。

したがい自らの人生を喜びの多い幸せな人生にするには、悪因悪果を抑《おさ》える本性の力を増すことが不可欠となります。

したがい中丹田では魂を補佐《ほさ》している魄《はく》、つまり気魄《きはく》をまず天の気、元気と混ぜ合わせて、その存在を弱めて、純陽の気に化す作用が行われるという訳です。

人生は因果応報、運が悪いのも、人間関係がよくないのも、恵まれ方が薄いのも、体が弱いのも、病にかかるのも、皆が皆魂魄《こんぱく》がなせる業であるこが分かれば、守玄の大切さも自ら知れます。

すなわち『中丹田《ちゅうたんでん》を修《おさ》めれば賢人《けんじん》』といわれる理由がはっきりとするからです。

人心《じんしん》と道心《どうしん》

人は気質をもって日々生活をしている訳ですが、つまりその「気」が気魄《きはく》といわれる魄《はく》で「質」が魂《こん》です。

魂魄は習性《しゅうせい》をもって物事を行っていく心「人心《じん》」と称され、一方本性《ほんせい》は天の命にしたがって正しい道を歩もうと常に心掛けるので「道心《どうしん》」と称されます。

霊《れい》あるものが無数に存在するこの世において、知恵を働かせて生きていくもの、人間すべてに人心と道心が存在します。

人心は欲望に魅了《みりょう》されて感情に溺《おぼ》れてしまうと、為すこと行うことに堕落《だらく》や頽廃《たいはい》が伴《ともな》います。つまり悪に染《そ》まりやすいのです。

したがい人心を強くさせると悪が深まり、道心は隠《かく》れて、小さくなって、決して顕《あら》われようとはしません。この時道心をもって制御《せいぎょ》しないと、人心の好む方向に躊躇《ちゅうちょ》なく入り込んで悪をむさぼってしまい、エスカレートさせて人生を破滅《はめつ》させます。

バクチ、汚職《おしょく》、収賄《しゅうわい》、暴力《ぼうりょく》、殺人《さつじん》、淫乱《いんらん》、麻薬《まやく》など新聞紙上をにぎわし、とどまることがありません。

人々の道心が薄れれば薄れる程、人類社会は破滅へと導かれていきます。

『天の命、これを性という』この言葉の本性《ほんせい》が、人心を修めととのえることができれば道心は日増しに顕《あら》われて、その輝きを増し、人類社会を平安無事にすることができます。

人もまた仏仙《せんぶつ》となり、聖賢《せいけん》となることができるからです。

天道において奨励《しょうれい》している処の「守玄」はすなわち人心を浄化して道心に還元《かんげん》させて、

神人合一《じんじんごういつ》の極《きょく》に到達させんがための修練です。

人心は気に属するので気迷いが始終あり、道心は天の理に属するので変転変化がなく、始終平安を得て心は安らかです。

赤子の時、本性は円明《えんめい》で天真爛漫《てんしんらんまん》ですが、しかし段々と知識を開くにしたがい、この世の汚《けが》れが人心を悪に習《なら》い染《そ》めていきます。人心の一分《いちぶ》が悪に習い染められると道心の一分の良知《りょうち》が覆《おお》われて隠《かく》れてしまいます。

こうして日々の生活が続けられるごとに、ますます先行きが不透明となり煩悩が深まっていきます。

『天《てん》の命《めい》、それを性《せい》という』その言葉の続きは『性《せい》に従《したが》うを道《みち》という』があります。つまり『道《みち》』を得ることによって本性《ほんせい》に目覚め天の心を得る、これが『得道《とくどう》』です。

したがい『得道』以後、善の心が増し、悪因悪果が弱まって善因善果が次第に強まり、そして人生に悦《よろこ》びが現れてくるのは、人心が薄れて道心が勝ってくるからにほかなりません。人を含めこの世に生《せい》を受けた霊《たましい》あるものは皆誕生と同時に宿命（生年月日時）が果せられます。

すなわち因縁因果の法則にしたがって余《あま》りの途《みち》、人生途上といわれる途《みち》を歩むことになります。

その人生途上の中に善因善果《ぜんいんぜんか》・悪因悪果《あくいんあっか》が存在している訳ですが、人はその人生の軌道からは決して離れることも、逃れることもできないさだめを背負っています。

善因善果が優先して歩む人は少なく、大方の人は悪因悪果にもがき苦しみながら、幸せを求めて歩み続けています。

そのような人生の中にあって、なぜ人は幸せを求めるのでしょうか。

それは『天《てん》の命《めい》、それを性《せい》(たましい)という。性《せい》に従《したが》うを道《みち》という』、この言葉の意味を悟ることで解消されます。

『得道』を授かった方は、世にたった一つの幸せを得る救霊《きゅうれい》の道、それを今知り得たのです。この世には何一つとして『道』によらずして、存在するものはなく、道に繋《つな》がらないものはありません。

人が如何《いか》なる職に就《つ》き、如何なる生活を送ろうとも、天の道の存在なくして人の途は ないのです。しかし惜《お》しいことに、誰も本性を得る『道』に気づかぬまま途を歩き続けています。

私達は最終最後の『道』に出合い、そして『得道』を授かって永遠に救われる約束を得ましたが、修道はまだ終わってはいません。

これまでの長き六万年来の輪廻《りんね》で培《つちか》われてきた歴年《れきねん》の罪業《ざいごう》を少しでも消していかなくてはなりません。

「人はパンのみにて生《い》くるに非《あら》ず」という言葉があります。

これはキリストが修道の為に荒野で四十日間の断食をし守玄を行っていた折り、悪魔の誘惑に対して言った言葉です。

つまり「人が生きる」ということは、ただ単に有形の物を食べて飢えを満たし、肉体を維持するだけのことではなく、無形にして、全てを満たすものを求めるという意味です。

人が誠に求めるべきものは、いつか必ず朽ち果てる幻の肉体の平穏ではなく、永遠不滅である霊《たましい》（本性《ほんせい》）を安息させることなのです。

道を得た私達が常に守玄をもって玄関を守り、老中と通じて、霊を安息させていればば何も心配はありません。

そしてさらに来る末劫《まっきょう》の大混乱の時に、私達皆が仏心《ぶっしん》（本性）にしたがい冷静であるならば、そこに神仏の御加護が加えられ、無事が得られます。

神仏は『道』を得た者が救霊済度《きゅうれいさいど》に東奔西走《とうほんせいそう》することが果たせるように、どのような事態にあっても水を飲まず、何も食べなくとも飢えをしのぎ、強堅な肉体と体力そして精神力を維持することができる糧《かて》を常備用意してくださっています。その神仏のご加護は唯一『守玄』することによって得られる甘露に含ませて与えられると教えられています。

私達『道』を得た者はその来《きた》る大混乱の時に生き抜く為にも『守玄』が必要であり、さらにそれをもってその大混乱の中で縦横無尽《じゅうおうむじん》に衆生《しゅじょう》を救霊済度《きゅうれいさいど》していくのです。

日々『守玄』に励み、玄関を守ることが私達自身の過去六万年の罪業《ざいごう》を滅《めっ》し、自らの力でもって霊性《れいせい》を回復させ、身を修めることができるのです。

そのためにも中丹田において濁気《だっき》を純陽《じゅんよう》の気《き》に同化《どうか》させて、魂魄が有する悪因悪果を消滅させて、善の心である道心を元気づけることが必要です。

したがって中丹田において清濁陰陽《せいだくいんよう》の気を練《ね》って温めさらに下丹田《しもたんでん》に進むことが第一の修練となります。

以上が初級の『守玄』の修練法の説明とそれに伴う内容ですが『守玄』は天道の奥秘伝ですから、充実した内容説明となると紙面の数が多くなりますので、次回の天道シリーズにおいてさらに詳細に述べたいと思います。御了承ください。

道書「天道道義」参考

人生を良くする秘密の宝もの『得道』マンガ編

人生には必ず生きる苦労、
老いる苦労や病苦、
死苦《しく》といった辛《つら》い
四大苦《しだいく》があります。
その「辛い」の字の上の部分に
『一』を得れば『幸』となり、
生きるに楽、老いても楽、
病気しても楽、死に往《い》くに楽と
なる悟《さと》りの道『得道《とくどう》』に
ついてお話致します。
幸せ
辛い

作／高山京三
画／佐藤光子

1
人の一生を導くのは『心』だから、その『心』が、そもそも問題なんじゃ！よい運も、悪い運も、その『心』次第なんじゃよ！

走りやすい『道』を選ぶといいよ！

心掛け次第で、人生を良くすることができるといわれますが、その『心』自体に問題があるのですか？

イライラ

2
それはじゃ、心身といってな、心と身は別々のもので、車で例えて言えばじゃ、車が身で、運転手が心ということになる。
過労運転　スピード違反
とすると、車を無事に走らせるのは運転手次第だとすれば、自分の人生も心次第で良い人生が歩めるということになりますよね。

3
心次第といえるが、
その心自体に
どうすることもできない
因縁因果というシロモノが
宿命として宿っている
ところに問題がある。
だったら心次第では
人生は良くなりませんね。
無理ですよね！
宿命を何とかしない限り、
では、
どうすればいいのですか。
4
問題はそこなんじゃ！
人は一生懸命『心』を尽くして
がんばってるというが、
結果的には生年月日時が示す
宿命にしたがって
生きているのじゃ！
あしからず！
イテー
なぜですか？
嫌な思いをするために
この世に生まれてきた
訳ではありません。
幸せが欲しいだけです。

5
人生をもっともっと良くしたいと願うのなら私の話をよく聞くことじゃ！人間はな！この一生だけが人生ではないのじゃ。これまで何百回、何千回と生まれては死に、生まれては死に、生死を繰り返して来ているのじゃ
それは聞いたことがあるよ。輪廻転生というのでしょう。それは生まれ変わるということでしょう。でもなぜ、生まれ変わるの？いい加減疲れますよね。
6
それはじゃ、人間はな、本当の幸せを求めて、霊のふるさと、つまり心のふるさとをさがして旅をしているからじゃ。そこに本当の幸せがあるからじゃ！
幸せになりたいですよね！ズーとズーと永く続く幸せを、そのために心尽くしてがんばっているのですから。

7
じゃ一つ聞くがポンコツの車と新車があるとすると、どちらの車に乗りたいかな？
そりゃ当然、新車ですよ。乗り心地がいいし、それに故障がない。きっと、心が浮き浮きしますよ。
8
つまりじゃ、実は、これ迄の生まれ変わりの人生で『心』はボロボロになってしまって、中古車と同じような状態なのじゃ！
エッ！ボロボロ、？？？
『こころ』は生まれ変わるごとに新しいのでは・・・なかったのか？

9
霊は不滅という話を聞いたことがあるじゃろ。その『たましい』が実は『こころ』なのじゃ。それがボロボロになってしまっているのじゃ。
霊がね・・・・ボロボロね？？？？？？？？
何とかして、新しくならないのかな。

10
みんなの身体を車体とすればじゃ、運転手は『心』ということになる。その『心』が疲れてにぶれば、運転が危うくなる。人生もまた同じじゃ！
そうすれば事故が起きる。家庭内の問題も、仕事も、人間関係も、病気も、何もかも運転手次第じゃ！すなわち『心』次第ということになる。

11

人は皆、生まれると生年月日と生まれた時間が定まる。これを宿命というのじゃが、この宿命にその人の一生が託されてあるから、人はその定められた通りに歩むのじゃ。その決して逃れられない宿命を何とか良くしようと頑張っているのが『心』即ち『霊』じゃ！
その『心』が何でいろいろな出来事を引き起こすのですか。

12

欲が過ぎるからじゃ！求めるものが過ぎると、その反動で苦労が生まれる。だが、それればかりではない。生まれる以前の前世、前前世に今の人生を決める原因が、実はあるのじゃ。
幸せを感じている人も居るし、皆からステキーといわれる人もいるし、だからといって悩みの多い人もいるし、事故やお金や病気で苦しんでいる人も、実に多いし、人生いろいろですね。

13
だからお釈迦様は「人間世界は苦の世界」だと、おっしゃったのだ。
仏教の創始者　釈迦牟尼
なんで、その様な苦の世界に私たちは居るのですか。その原因は・・・？
14
この世に於ての苦の原因はじゃ、三世因縁といってな、前世、前前世という過去世で行って来た善悪の行いの、その清算が、この世に持ち越されて、結果を現しているという訳じゃ。
三世因縁！どこかで聞いたことがあるよ。
むつかしいな、逃れたいな・・・。

15
この世で新たに作り出される善悪と前世、前前世で作った善悪が混ざり合って、今の生活があるのじゃ。事故、争い、悩みや苦労それに病気など、必ず、原因があっての結果じゃ。
だから一生懸命がんばっても気を配っても、因果に流されて苦しむのですね。

16
常に三世因縁が付きまとって離れられないのが、たましい即ち『心』という訳じゃ。
だから来世を幸せに暮らそうと思うならこの世で善いことをしておく必要があるという訳ですね。

輪廻転生《りんねてんしょう》

17
この世が終われば来世がある。そして来世が今の世となり、今の世が前世となる。そして今の世と前世と前前世との三世因縁を背負って『心』が葛藤するという訳じゃ。
次々と人生を繰り返しては生きていくだから輪廻転生は止むことがないと、言われるのですね。でも、それから逃れる方法はないのでしょうか。

18
うん・・・むつかしい問題だが一つだけ輪廻から逃れて永遠の幸せを得ることができる『道』は、あるにはあるが・・・。
輪廻しなくてすむ方法があるのですか？それは三世因縁から逃れることができるのですね。だったらうれしいですね。

19
ある。つまりじゃ、私たちの人生を人生途上と、呼ぶじゃろ、な！その「途」は三世因縁を背負い続けていく「途」で永遠に幸せを得る『道』ではない。本当の幸せは、「首」が乗っかった『道』を得れば幸せは叶うのじゃ。
『得道』
あるのですか、本当にあるのですか？？？
20
どう言えばわかるかな・・・つまりじゃ、人生途上の「途」の字は余りの字を乗せているじゃろ、つまり余りとは、重要ではないという意味じゃから、私たちの人生はただ生きて暮らして、そして死んでいくといったはかない人生の「途」なのじゃ。
だから死ねば土の下、チョットというお寺の世話になるのですね。墓は土の上に莫し、という字ですし、ね。

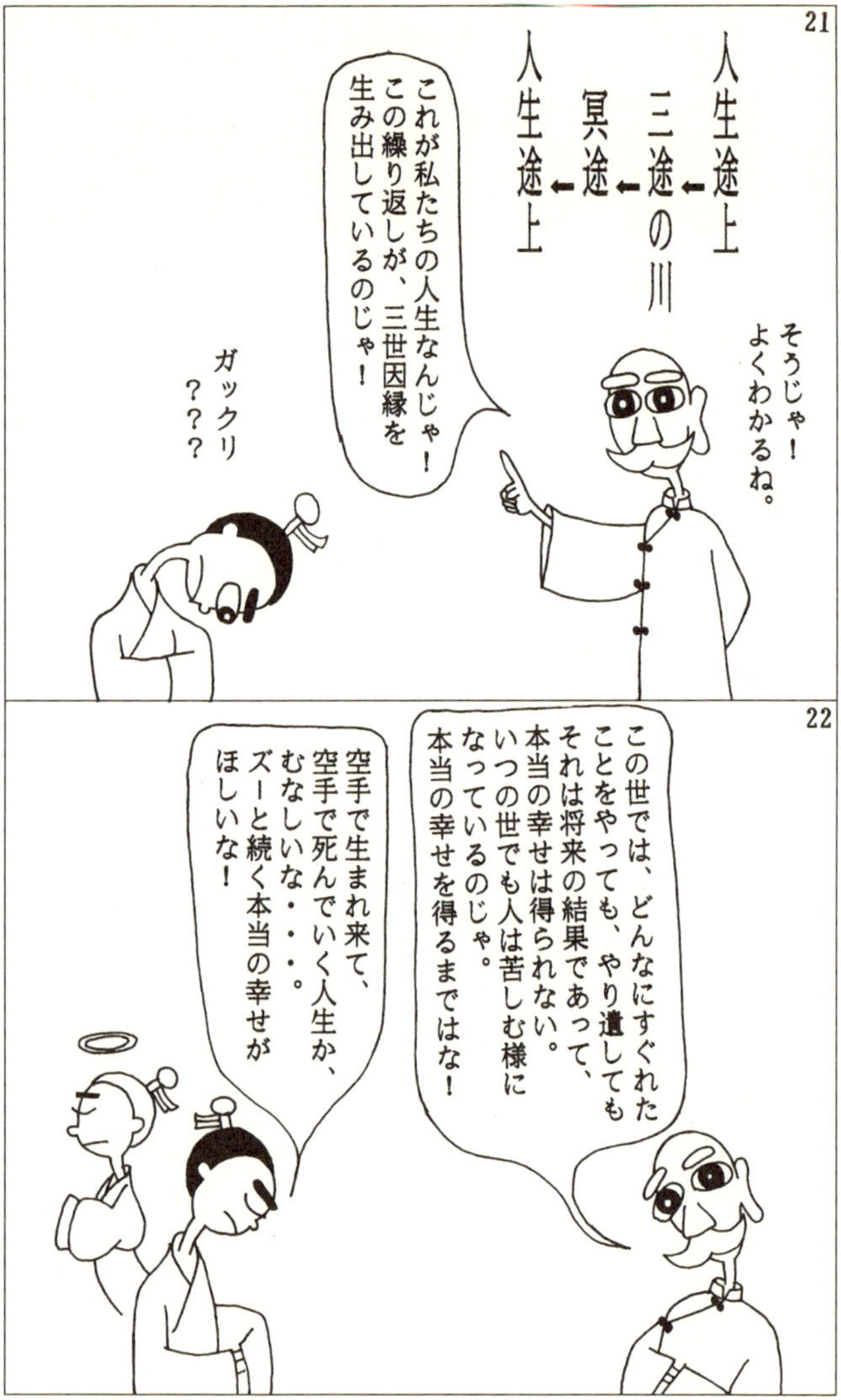
21
人生途上←三途の川←冥途←人生途上
そうじゃ！よくわかるね。
これが私たちの人生なんじゃ！この繰り返しが、三世因縁を生み出しているのじゃ！
ガックリ？？？
22
この世では、どんなにすぐれたことをやっても、やり遺してもそれは将来の結果であって、本当の幸せは得られない。いつの世でも人は苦しむ様になっているのじゃ。本当の幸せを得るまではな！
空手で生まれ来て、空手で死んでいく人生か、むなしいな・・・。ズーと続く本当の幸せがほしいな！

23
つまりじゃ、身体には、れっきとした親がいる様に『心』つまり『霊』にも、親が極楽に居られるのじゃ。だから「心身」といわれ、心と身体は別々なのじゃ！

『霊《たましい》』の親神が極楽に居られるなら、余りの人生をやって苦しんでいるよりも、楽を極める極楽の親元へ帰った方が、幸せじゃないですか。

24
私たちの『霊』は数限りない輪廻転生によってボロボロに汚れ切っているから、『道』を得ない限り、そう簡単には極楽天国に戻れないのじゃ！

どうすれば天国に帰れるのですか。

どうすれば、。

『道』を得るにはどうすればいいのですか。

25
皆のその『心』を回復させて、そして悟らせて、元の清浄な『心』に戻すことを「道を得る」というのだが、即ちそれが『得道』というものじゃ！
『得道』によって、私たちの『心』が神経精神という『神』に、よみがえれば三世因縁の苦しみから逃れられるのですね。
26
現に今、三世因縁の因果を背負って人生を歩んでいるので、完全には苦しみから逃れられる訳ではないが、大難は中難に、中難は小難に、小難は無難に、することはできる。
いいな『道』を得たいな！
ということは今の人生も、ずいぶんと楽になるということですよね！

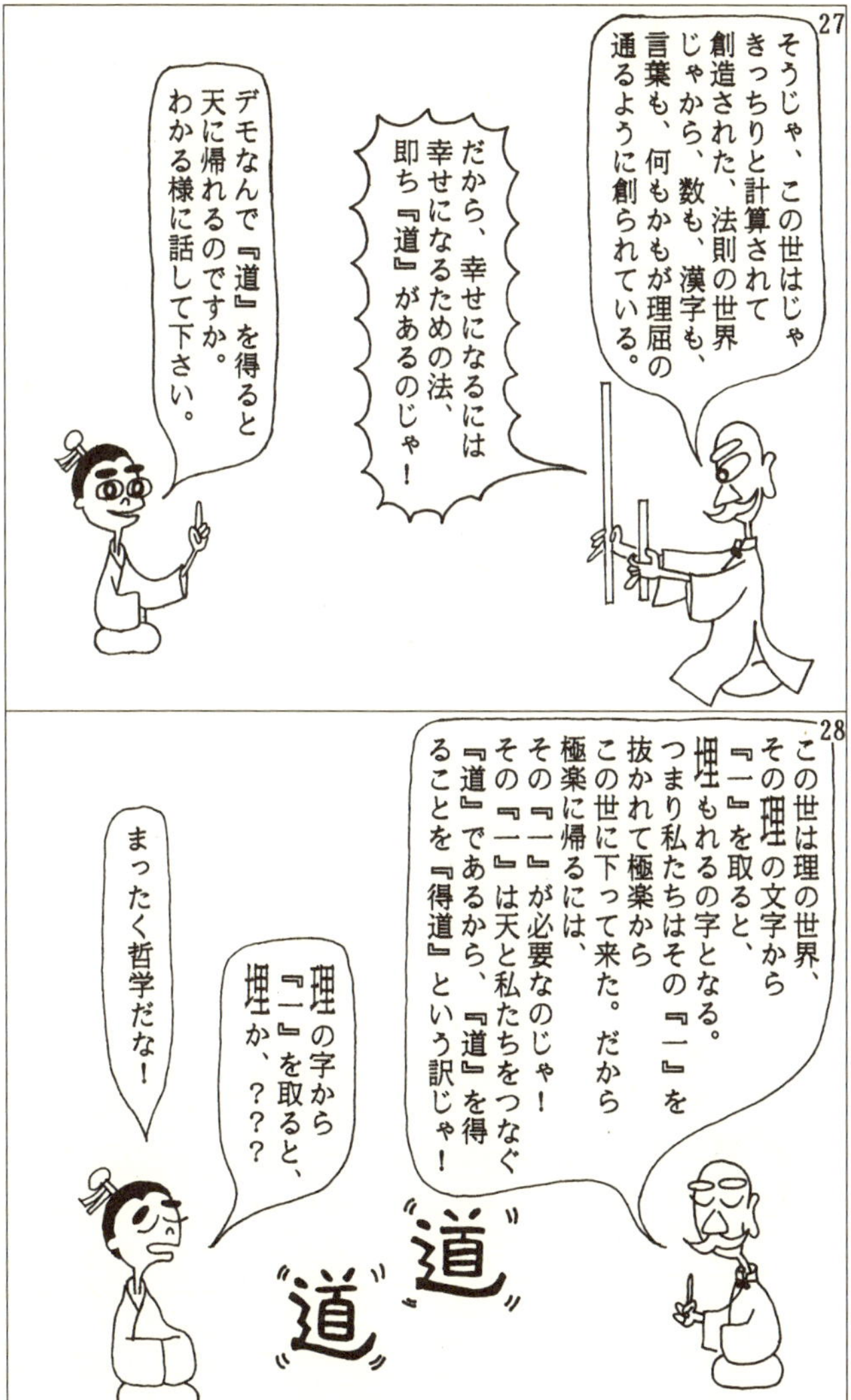
27
そうじゃ、この世はじゃきっちりと計算されて創造された、法則の世界じゃから、数も、漢字も、言葉も、何もかもが理屈の通るように創られている。
だから、幸せになるには幸せになるための法、即ち『道』があるのじゃ！
デモなんで『道』を得ると天に帰れるのですか。わかる様に話して下さい。
28
この世は理の世界、その理の文字から『一』を取ると、埋もれるの字となる。つまり私たちはその『一』を抜かれて極楽からこの世に下って来た。だから極楽に帰るには、その『一』が必要なのじゃ！その『一』は天と私たちをつなぐ『道』であるから、『道』を得ることを『得道』という訳じゃ！
“道”
“道”
理の字から『一』を取ると、埋か、？？？
まったく哲学だな！

正法眼蔵《しょうほうげんぞう》

29
極楽へ帰る『道』は、悟りの道と
いって、謎掛けと同じなのじゃ。
人間が修行して『悟りを開く』
訳ではない。れっきとした『法』
がある。だからお釈迦様は、その
法のことを『正法眼蔵』といい道
している。それが『得道』なのじゃ。
道
だから字でもって『道』を
説いでいるのですね。

天上天下唯我独尊《てんじょうてんがゆいがどくそん》　我独《われひと》り

30
だから釈迦誕生のおりに
『天上天下唯我独尊』
と言ったと伝えられている。
聖人が「我一人尊い」などとは
決して言わない。これも謎で、
天上と天下の上と下の文字の
互いの一をつなげば「上下」
の字となる。漢和辞典によれば
「道の上下する要所、関所」とある。
つまりその関所が悟りの門なのじゃ！
「我独り、
その尊い法を持っている」
という意味ですね。
字には、その様に深い
意味があるのですね。

31
漢字で以て『道』を悟ることじゃ！『道』には天という文字が付けられるが他の「みち」と読む字には天が付けられない。だから『道』は天とつながると、まず考えればいい。
はい！その様に率直に考えます。そうすればどうなりますか。

32
霊が天に戻るか、地に帰って輪廻を続けるか、それを選ぶことができるのは人間に生まれた時だけじゃ！人間は永遠の幸せを求めて必死に働くが、永遠の幸せは楽を極めるといってな、極楽天国にしかないのじゃ！
道を得れば、この一生が終われば親神様のところ極楽天国に帰れるのですか。
でも皆んな、天国に帰った、極楽に帰ったといっているよ！

三世因縁《さんせいいんねん》

33
極楽に帰った？

それが大きな誤解なんじゃ！だからいずれの教えでも、「来世は幸せに」と、いって徳を積ませているではないか。

来世に幸せを願うことは、生まれ変わる訳だから、三世因縁の中にいるということになる・・。

結局は今と同じじゃないか。苦の世界に舞い戻る訳か・・。

34
来世の幸せを願って、功徳を積むということは因果は切れてはいないということじゃ！

極楽天国へは因縁因果があっては戻れないのですね。

早く『道』を得て極楽に帰りたいな！

因縁解《いんねんげ》脱《だつ》

35
『道』を得て、悟りを開くとこれまでのすべての因縁は、この一生が終わればことごとく切れる。これを因縁解脱という。
どうして因縁が切れるのですか。因縁因縁といいますが、因縁とはなんですか。どこから来たの？
36
つまり大宇宙に対して人間は小宇宙といわれるが、聞いたことがあるか。
いよいよ難しくなってきたな？
哲学だな！

37
大宇宙には太陽・星・月がある。そして小宇宙である人間の身体にも太陽・星・月を意味する部分がある。
私の身体にはそんな名前が付いたところはないよ。
38
この図の陰部という所の陰という字はじゃ、陰月、光陰、などといって月を意味し、女性には月経なるものがある。次に首と胸の部分じゃが、よく軍人さんが勲章をしたり文化勲章などは首に掛ける。つまり星の位置に当たる。そして首より上に太陽の位置とされる場所があるのじゃが、この箇所だけは天の秘密で、誰にも明かされていない。
陽
天
天
太陽
星
月
土
地
人
チャクラ
陰
幸せな人生
幸
⇧ ⇧ ⇧ ⇧
辛
つらい人生・苦

陰部《いんぶ》　陰月《いんげつ》　光陰《こういん》　勲章《くんしょう》

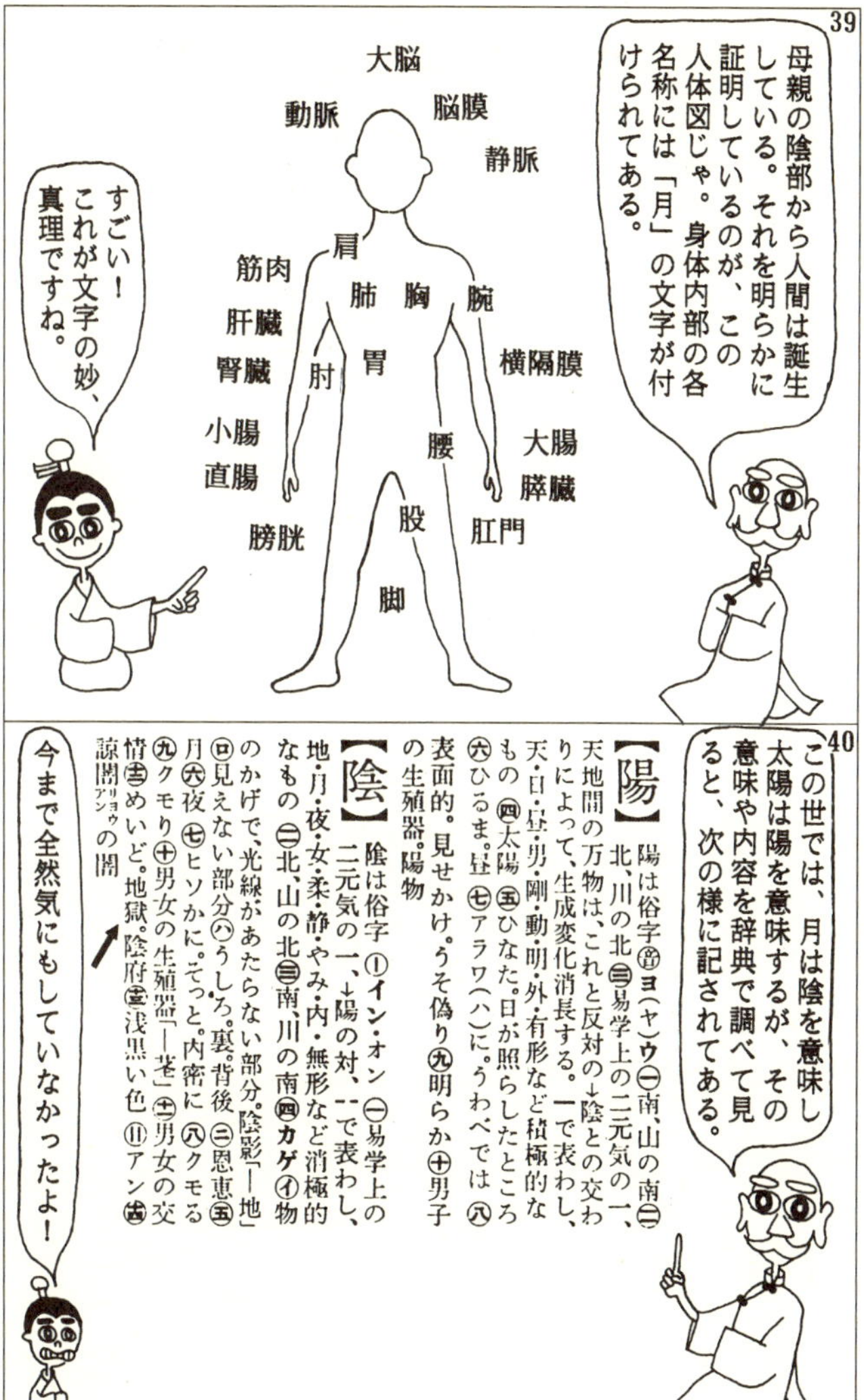
39
母親の陰部から人間は誕生している。それを明らかに証明しているのが、この人体図じゃ。身体内部の各名称には「月」の文字が付けられてある。
すごい！これが文字の妙、真理ですね。
大脳
脳膜
動脈
静脈
肩
筋肉
肺
胸
腕
肝臓
腎臓
肘
胃
横隔膜
小腸
腰
大腸
直腸
膵臓
股
膀胱
肛門
脚
40
この世では、月は陰を意味し太陽は陽を意味するが、その意味や内容を辞典で調べて見ると、次の様に記されてある。
【陽】 陽は俗字(音)ヨ(ヤ)ウ㊀南、山の南㊁北、川の北㊂易学上の二元気の一、天地間の万物は、これと反対の↓陰との交わりによって、生成変化消長する。一で表わし、天・日・昼・男・剛・動・明・外・有形など積極的なもの㊃太陽㊄ひなた。日が照らしたところ㊅ひるま。昼㊆アラワ(ハ)に。うわべでは㊇表面的。見せかけ。うそ偽り㊈明らか㊉男子の生殖器。陽物
【陰】 陰は俗字①イン・オン㊀易学上の二元気の一、↓陽の対、╎╎で表わし、地・月・夜・女・柔・静・やみ・内・無形など消極的なもの㊁北、山の北㊂南、川の南㊃カゲ㋑物のかげで、光線があたらない部分。陰影「—地」㋺見えない部分㋩うしろ。裏。背後㊁恩恵㊄月㊅夜㊆ヒソかに。そっと。内密に㊇クモる㊈クモり㊉男女の生殖器「—茎」(十一)男女の交情(十二)めいど。地獄。陰府(十三)浅黒い色⑪アン(十四)諒闇《リョウアン》の闇
今まで全然気にもしていなかったよ！

三省堂・明解漢和辞典より

41

太陽がさん然とかがやく様に身体の太陽の位置を『得道』によって開くと、そこから霊の光がかがやいて何ごとも明らかに見えてくる。つまりこれを、「道を得る」「悟りを開く」「因縁解脱」などといわれ、人々が追い求めて止まない、極楽への道を開くという法じゃ！故に見えないが『得道』を授かると神霊オーラが現れるといわれる。
神霊《しんれい》オーラ
精神オーラ
物質オーラ

42

極楽天国への道を開くには、天道の秘宝『得道』を授からなくてはならない。この秘宝のことをお釈迦様は『正法』といい、一番弟子の迦葉尊者に授けたが、他の誰にも授けてはいない。
人々が幸せになれる『法』があるのに、どうして一人しか授けなかったのですか。

43
人間は修行のためにこの世に降ろされた訳であるから、『正法』は一人の聖人から一人の聖人にしか伝えることが許されなかったのじゃ！でも今は、求める者がいれば、授けることが許されている。
求める気持ちがあれば授けていただけるのですね。でも、その悟りの門は、いったい何処にあるのですか。
44
達磨大師という聖人のお言葉に「七転び八起き」というのがあるがこれを世間一般の人は、何度失敗してもあきらめずにがんばれば、必ず成功すると教えているが、本当は人が死んだ時に、その人の『霊』が首から上にある七つの穴から出ると「七転び」といって、三途の川を渡って生まれ変わって行くことになるが、八つ目の穴から『霊』が出ることができれば、「八起き」といって極楽天国に戻ることができるという意味なのじゃ。
③ ① ⑤ ⑦ ⑥ ② ④
首から上にある。
八つ目の穴はどこに・・・。

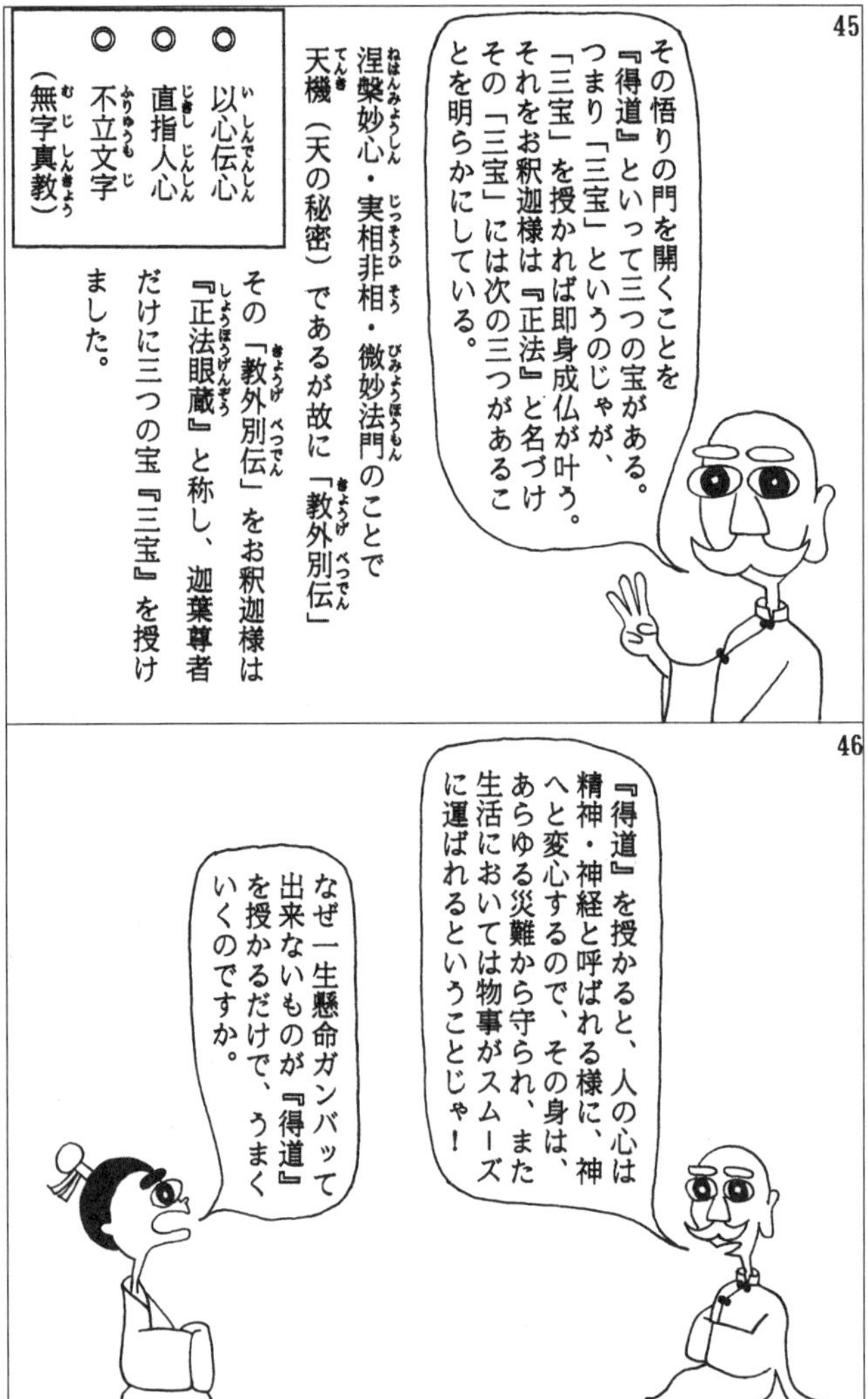
45
その悟りの門を開くことを『得道』といって三つの宝がある。つまり「三宝」というのじゃが、「三宝」を授かれば即身成仏が叶う。それをお釈迦様は『正法』と名づけその「三宝」には次の三つがあることを明らかにしている。
涅槃妙心《ねはんみようしん》・実相非相《じっそうひそう》・微妙法門《びみようほうもん》のことで天機《てんき》（天の秘密）であるが故に「教外別伝《きようげべつでん》」
その「教外別伝《きようげべつでん》」をお釈迦様は『正法眼蔵《しようほうげんぞう》』と称し、迦葉尊者だけに三つの宝『三宝』を授けました。
◎以心伝心《いしんでんしん》
◎直指人心《じきしじんしん》
◎不立文字《ふりゆうもじ》
（無字真教《むじしんきよう》）
46
『得道』を授かると、人の心は精神・神経と呼ばれる様に、神へと変心するので、その身は、あらゆる災難から守られ、また生活においては物事がスムーズに運ばれるということじゃ！
なぜ一生懸命ガンバッて出来ないものが『得道』を授かるだけで、うまくいくのですか。

47
『得道』とは『一』を得ること、つまり埋もれるの字に『一』を加えると理の文字となる。理が通れば、物事はうまく行く。その様に『得道』は、よい因縁を残して、悪い因縁を切って消滅させる「法」であるから、自然と、よくなるのじゃ！
道
そうすると今の境遇が改善されるのですね！
病気も治るかな！
48
先程も話した様に、私たちは母親の陰部から生まれて来ているから、陰は、冷たい、冷えるといって、根本的に病気をしやすい。だが有り難いことに『得道』は、その冷たい陰の気を温かい陽の気で以て、身体を温めるので、自然と病気は、回復に向かい、健康が守られることになる。
得
道
ケガや事故などに対してはいかがでしょうか。

49
勿論じゃ、あらゆる災難から身を守るといわれるからには『得道』を授かった多くの人が、大きな事故に遭ったり、大けがをする様な事態に遇ったりしても、ごく軽い状態で助かっている。
病気の母が『得道』を受けてくれれば、いいのにな！
もっともっと聞いてみよう！
50
良い因縁が残されているので、自然とあらゆる関係が改善されよい人との出会いがあって、次第に都合よく道が開けて行くようになる。
そうすると、人間関係が良くなりますね！

51
勿論修道は大事なことじゃが、「天道」では一切強制はしない。よくなりたい、家族を守りたい、悟りを開いたからには功徳を積んで霊性を高めたいと思うならば、道を学び、伝道して更に霊を磨けばよい。普通は『得道』を授かるだけで、よいのじゃ！それも一生に一度だけでよい。
得道
でも、功徳を積めば先祖や身内や家族にいい結果を、及ぼすことになりますよね！

52
お金は、みにくい争いや憎しみを生み出す恐れがある。その点『得道』は因縁解脱の法であるから、悪い因縁を積みやすいお金は当然望まないが、しかし、伝道したり、運営したりする費用がいるので、『得道』を授かる時だけ、幾らかでいいから、御供えをしていただきたい。あとは一切金銭的な要求はない。
『得道』を授かるには、ずいぶんとお金がかかりますか。

53
神は、住む所も寝る所も。飲んだり食べたりする必要もない。勿論お金もいらない。本当に授かりたいと思う気持ちがあれば、金銭の多少は問わない。老若男女、誰でも授かることができる。
へー誰でも授かれるの！費用は幾らでもいいのですね。

54
だから、『得道』を授ける天道では会費も寄付も要求はしない。あくまでも善意の行いを以て運営しているので、気にしなくていい。
『得道』を受けてから・・・・いるのでは・・・・。
ハッキリしておかないと！

55
天道の『得道』は
悟りを開いて
因縁を解脱する法だから、
すべての信仰や宗教が求
めるところの根源という
ことになる。
本来これ以上の教えはない。
しかし本人が納得できる教え
であるならば、『得道』以後
続けても差し支えはない。
その点、天道では
『得道』を授かっても
宗教をやめなくていいと
おっしゃるのですね。
得
道

56
いいよ！
けっこう、けっこう！
私たちの天地宇宙は、
真理本意の世界じゃから
最終的には答は一つじゃ。
教えが正しければ、必ず
真理に到達するはずじゃ！
正しい信仰には束縛も、
強制も、囚われもない。
あくまで自由にしてこそ、
幸せは味わえるものじゃ。
『得道』を授かるだけで
あとは自由！
これが本当の教えですね。

57

真理というものには
姿や形はない。
じゃが先ず『得道』を
授かってみればわかる。
にぶい者でない限り、
授かる前と授かった後の
自分の変化に気付く筈じゃ。
その様なことを言われても
それは個人個人に差がある
ことでしょう。
もっとハッキリしたものは
ないのですか。

58

ある。ある。
『得道』を授かった者皆
死後の硬直がない。
それにな、身体はなま温かく
二日たっても、三日たっても
服を着せ替えることが出来る。
私たちの信仰では
その様なことはないです。

59
それに付いてはじゃ！
仏教の教典にこう書かれてある。
『悟りを開いた者は死後の硬直がなく
その身はなま温かくして、
夏でも腐らぬ』とな！
つまりじゃ！
『得道』を授かった者の、その死に顔
は、実に美しく、やさしく、時には、
ほほえみを浮かべている者もいると、
これを大往生、安楽死というのじゃ！
そんな！ばかな！

60
一般の宗教界では
そのことは承知しているが
その様な結果が得られない
からこそ、来世の幸せを願
って生まれ変わることを、
信仰の対象としているのじゃ。
でも、これまでの信仰では
一生懸命「功徳」を積めば
極楽浄土が叶うと、教えら
れてきました。

61
もともと宗教の教えは悪い訳ではない。
人々を天道にみちびくのが宗教という
教えじゃからな！しかし残念なことに、
『得道』なる法を持っていないので、
『得道』を授けることができない。
つまり人間究極の目的は、
悟りを開いて極楽天国に帰ることであ
って、現世利益の追求ではない。
そこのところを取り違えてはいけない。
つまり極楽には帰れない
ということか・・・・。

62
あなたが信じてきた所の
信者さんや教えを説いで
いられる先生方が、
もし亡くなられた時、
その身体が柔らかいか、
硬いか、なま温かいかどうか
よく言えば二、三日置いて、
服を着せ替えることが、できる
かどうか。それを確かめること
ができれば、その教えが正しい
かどうかが知れる。
まあ、硬直するかどうかだな！
これが極楽へ戻ったかどうかの
目安となるだろう。
皆んなよく信じて
がんばっているんだけどな！
残念だな・・・・・。

63
『得道』を授けて下さる方は明師（點伝師）と称される方であったが、亡くなられて天然古佛という神様になられていいます。今はその代理をされている臨時點伝師の方々がいられるので、その方々より『得道』を授かればよい。
その様な有り難い『得道』を授かることができる私たちはまことに幸せですね！
得道
64
天然古佛様は達磨大師から数えて十八代目のお方で、天地宇宙を創造なさった老中様の命により、すべての神佛の中で、ただ一佛、天然古佛様だけが、その『得道』の秘宝を授けることができます。もし天道をもっともっと知りたければ、『得道』を授かって、神からの妙知恵をいただけば、まことの信仰がどの様なものかよくわかります。
ありがたい！天然古佛様はお偉いお方なのですね。
得道

明師《めいし》　點伝師《てんでんし》

天然古《てんでんこ》佛《ぶつ》　臨時《りんじ》點伝師《てんでんし》　老《ラウ》中《ム》　妙知恵《みようちえ》

あとがき

生きるという
私たちの世界が生んだのは、
死に逝《い》くという「死の世界」
ならば生きるという
私たちの世界を生んだ世界は
何処《どこ》にあるのかな？
私たちの世界を生んだところは
お釈迦様や観音様が、
追い求めた『一』の世界
極楽天国なんですね！

◎天道《てんどう》の主旨《しゅし》『得道《とくどう》』とは、

天命《てんめい》のある明師《めいし》〔点伝師《てんでんし》〕によって、心眼《しんがん》を「点破《てんは》」して、**悟《さと》りの法《ほう》**を授け、正しい信仰へ導くこと。

更に「点破」によって生死《しょうじ》の輪廻《りんね》を解脱《げだつ》させ、悪因悪果《あくいんあっか》の因果《いんが》に縛《しば》られているのを解き放ち、本来の霊《たましい》の故郷である理天極楽《りてんごくらく》に還元《かんげん》させるもの、即ち霊《れい》自体が持つ因縁を解脱させ、理天極楽へ救いあげる『救霊《きゅうれい》』が目的《もくてき》であります。

天道《てんどう》・幸慈会《こうじかい》
神戸市東灘区岡本一丁目三丁目十七番
パッセージ岡本四階
ファックス　078-412-8987
高山　京三

著者プロフィール
高山 京三（たかやま けいぞう）
幸せを慈しむ会『天道・幸慈会』主宰
旺陽流推命学塾・佑命舎　正師範
理数易・宗家
推命学塾・佑命塾主宰

著書　羊刃（文芸社）
　　　人生をひらく秘密の宝もの（たま出版）

人から神へ　悟りの道

2005年10月11日　初版第1刷発行

著　者　高山 京三
発行者　韮澤 潤一郎
発行所　株式会社 たま出版
　　　　〒160-0004 東京都新宿区四谷4－28－20
　　　　☎03-5369-3051（代表）
　　　　http://tamabook.com
　　　　振替　00130-5-94804

印刷所　神谷印刷株式会社

ISBN4-8127-0197-X C0011